TESTUJ SWÓJ PO
TEST YOUR POLISH

GRAMATYKA 2

Renata Szpigiel

Prolog
PUBLISHING

Redaktor prowadzący serię TESTUJ SWÓJ POLSKI: Mariusz Siara

Redakcja merytoryczna i językowa:
Ewa Kołaczek, Justyna Krztoń, Paulina Lenar, † Agata Stępnik-Siara, Joanna Waszkiewicz

Rysunki: Ksenia Berezowska

Projekt okładki: Paweł Gąsienica-Marcinowski

Projekt graficzny: Studio Quadro

Skład: Pracownia Słowa

Autorki oraz Wydawca serii TESTUJ SWÓJ POLSKI pragną podziękować wszystkim, którzy przyczynili się do powstania serii, w szczególności Barbarze Owsiak. Autorka oraz Wydawca książki TESTUJ SWÓJ POLSKI – GRAMATYKA 2 pragną także podziękować osobom, które pomogły w przygotowaniu książki do druku, przede wszystkim Marzenie Bzdek, Pawłowi Polańskiemu oraz młodemu obiecującemu redaktorowi Marysi Siarze.

Zdjęcia:
© jacek_kadaj (38), © Nightman1965 (38), alessandro0770 (39), © kovalvs (39),
© Marek Stępniak (56), © Karol Kozłowski (56), © Teresa Kasprzycka (57), © dmow1914 (57),
© Krzysztof Slusarczyk (57), © Richard Semik (80), © Grzegorz Kordus (80),
© Paweł R. Schreyner (81), © Anastasy Yarmolovich (81)

Copyright © by PROLOG Szkoła Języków Obcych, Kraków 2017
Dodruk wydania z roku 2013

Wydanie I
ISBN 978-83-60229-63-7
Druk: Know How

Wydawnictwo PROLOG
ul. Bronowicka 37, 30-084 Kraków
tel./faks +48 12 638 45 50, tel. +48 12 638 45 25
e-mail: books@prolog.edu.pl
sklep online: www.prologpublishing.com

Seria *TESTUJ SWÓJ POLSKI* przeznaczona jest dla wszystkich, którzy chcą dobrze mówić po polsku, a jednocześnie lubią łączyć naukę języka z zabawą.
Nauka gramatyki z książką *TESTUJ SWÓJ POLSKI – GRAMATYKA 2* zapewnia uczącemu się kompleksowe powtórzenie i automatyzację zagadnień gramatycznych z poziomów B1–B2 (wg CEFR). Bogato i dowcipnie ilustrowane ćwiczenia motywują do nauki. Uczący się zachowuje maksymalną autonomię w wyborze wykonywanych ćwiczeń, ponieważ są niezależne od siebie i mogą być wykonywane w dowolnej kolejności. Zamieszczony na końcu test jest dodatkową możliwością sprawdzenia zdobytej wiedzy gramatycznej.
Zbiór ćwiczeń *TESTUJ SWÓJ POLSKI – GRAMATYKA 2* można wykorzystać do samodzielnej nauki oraz jako materiał pomocniczy do zajęć w grupie. Samodzielną pracę ułatwia zamieszczony słowniczek polsko-angielski i polsko--niemiecki oraz klucz.

Sukcesów w nauce gramatyki na wesoło
życzą Autorka i Wydawnictwo

The series *TESTUJ SWÓJ POLSKI* (*TEST YOUR POLISH*) has been written for learners who wish to improve their Polish through using fun and engaging learning techniques.
Learning grammar from the book *TESTUJ SWÓJ POLSKI – GRAMATYKA 2* (*TEST YOUR POLISH – GRAMMAR 2*) provides the learner with thorough revision and consolidation of grammar issues from level B1–B2 (according to CEFR). The richly and wittily illustrated exercises motivate you to study. The exercises can be done independently of each other in any order, so the learner has complete freedom when choosing which ones to do. Additionally, the test at the end of the book enables you to check the grammar knowledge you have acquired. To make the book friendly to the self-study learner, an answer key and Polish-English and Polish-German dictionaries are included. The exercises from *TESTUJ SWÓJ POLSKI – GRAMATYKA 2* can also be used effectively for groups of Polish language learners.

We wish you fun and success in learning Polish!
Author and Publisher

Spis treści

1. **Opalamy się nad jeziorem** – przyimki — 7
2. **Składać czy złożyć?** – pary aspektowe czasownika — 8
3. **Nie musisz mi tego mówić!** – formy aspektowe czasownika po przeczeniu — 9
4. **Myślę, że masz rację** – zdania podrzędnie złożone — 10
5. **O czym myślisz?** – rekcja czasownika — 11
6. **Co on powiedział?** – koniugacja czasowników w czasie przeszłym – aspekt — 12
7. **Proszę wejść!** – czasownik *iść* z prefiksami — 14
8. **Z dwiema koleżankami i z dwoma kolegami** – deklinacja liczebników głównych — 15
9. **Idę po mleko do kawy** – przyimki — 16
10. **Dobrze, dobrze!** – przymiotniki i przysłówki — 17
11. **Słucham muzyki, pracując** – imiesłowy na *-ący, -ąc, -ony, -ny, -ty* — 18
12. **Maseczki domowej roboty** – deklinacja rzeczowników, przymiotników i zaimków — 19
13. **Chcąc zdać ten egzamin, musisz się więcej uczyć** – imiesłów przysłówkowy współczesny — 20
14. **Nie mogłam przyjść** – czasowniki modalne w czasie przeszłym — 21
15. **Czy ktoś coś o tym słyszał?** – zaimki nieokreślone *ktoś, coś* — 22
16. **Co cię boli? Co ci jest?** – zaimki osobowe w celowniku i bierniku — 23
17. **Kochasz mnie?** – deklinacja zaimków osobowych — 24
18. **Rano albo nad ranem** – przyimki — 25
19. **Mam duże dzieci i mało czasu** – przymiotniki i przysłówki — 26
20. **Co by było, gdyby… (1)** – zdania warunkowe — 27
21. **Mój pokój w akademiku** – formy miejscownika liczby pojedynczej i mnogiej — 28
22. **Płynął, płynęli…** – czasowniki z morfemem *-ną-* w czasie przeszłym — 29
23. **Wczoraj wieczorem poszłam z koleżanką do kina** – czasownik *iść* z prefiksami – czas przeszły — 30
24. **Czy jedzenie hamburgerów jest zdrowe?** – rzeczowniki odczasownikowe — 31
25. **Boli mnie dolna szóstka!** – deklinacja rzeczowników pochodzących od liczebnika — 32
26. **Po pracy odpoczywamy nad jeziorem** – rekcja czasownika — 33
27. **Trzy czwarte pracy mamy za sobą!** – liczebniki ułamkowe i dziesiętne — 34
28. **Wakacje w Hiszpanii** – formy miejscownika liczby pojedynczej i mnogiej — 35
29. **Chcę mieć dwoje albo troje dzieci** – deklinacja liczebników zbiorowych — 36
30. **Co by było, gdyby… (2)** – zdania warunkowe — 37
31. **Polska na liście UNESCO (1)** – deklinacja rzeczowników i przymiotników w liczbie pojedynczej i mnogiej — 38
32. **Trenuję z panem Małyszem i z panią Radwańską** – deklinacja nazwisk i form *pan* i *pani* — 40
33. **Jak myślisz, co powinnam zrobić?** – konstrukcja *powinien* + bezokolicznik — 41
34. **Czy znasz filmy Romana Polańskiego?** – deklinacja imion i nazwisk — 42
35. **Co by było, gdyby… (3)** – zdania warunkowe — 44
36. **Co ci jest?** – zaimki osobowe w celowniku — 45
37. **Powiedział, że mnie kocha!** – mowa zależna — 46
38. **Nikogo nie ma w domu!** – deklinacja zaimków *nikt* i *nic* — 47

39. **Takie jedzenie lubię!** – deklinacja zaimków *taki, taka, takie, tacy* — 48
40. **To żaden problem!** – deklinacja zaimków *żaden, żadna, żadne, żadni* — 49
41. **Jadę do Monachium** – nieodmienne nazwy geograficzne — 50
42. **Tabletka dobra na wszystko?** – koniugacja czasowników w czasie teraźniejszym — 51
43. **Chłopak, który czyta, czyli czytający chłopak** – imiesłów przymiotnikowy czynny i zdania przydawkowe ze spójnikami *który, która, które, którzy* — 52
44. **Jak dbać o kręgosłup w pracy?** – przyimki — 53
45. **Tu się mówi po angielsku** – nieosobowe formy czasownika — 54
46. **Polska na liście UNESCO (2)** – deklinacja rzeczowników i przymiotników w liczbie pojedynczej i mnogiej — 56
47. **Usługi. Krzyżówka** – deklinacja rzeczowników w liczbie pojedynczej — 58
48. **W domu nie ma nic do jedzenia!** – rzeczowniki odczasownikowe — 60
49. **Panie Kazimierzu, gdzie są klucze?** – wołacz — 62
50. **Jej córka ma swoją firmę** – deklinacja zaimków dzierżawczych oraz zaimków *swój, swoja, swoje* — 64
51. **Będę koło drugiej** – deklinacja liczebników porządkowych — 66
52. **Czy wszystko zostało zrobione?** – strona bierna — 67
53. **Pilnuj swojego nosa!** – deklinacja zaimków dzierżawczych *swój, swoja, swoje* — 68
54. **Co będziemy robić w Świnoujściu?** – czas przyszły — 69
55. **Horoskop numerologiczny na wrzesień** – czas przyszły — 70
56. **Urodziny w Himalajach** – pluralia tantum; deklinacja rzeczowników i przymiotników w liczbie mnogiej — 72
57. **Ta dzisiejsza młodzież!** – singularia tantum; deklinacja rzeczowników i przymiotników w liczbie pojedynczej — 73
58. **Nowy rok, nowe plany, nowe życie...** – czas przyszły — 74
59. **Ach, ci przystojni mężczyźni w swych szybkich samochodach!** – deklinacja przymiotnika i zaimka wskazującego w liczbie mnogiej — 75
60. **Nowi pracownicy to sympatyczni ludzie** – mianownik liczby mnogiej rzeczownika i przymiotnika – formy męskoosobowe — 76
61. **Mam kaszel i kaszlę** – rzeczowniki odczasownikowe (forma krótka) — 78
62. **Myślenia nigdy dość!** – rzeczowniki odczasownikowe — 79
63. **Polska na liście UNESCO (3)** – deklinacja rzeczowników i przymiotników w liczbie pojedynczej i mnogiej — 80
64. **Modnie i interesująco** – końcówki przysłówka — 82
65. **Z kim i o czym rozmawiałeś tak długo przez telefon?** – rekcja czasownika — 83
66. **Sprzęty domowe. Krzyżówka** – deklinacja rzeczowników w liczbie pojedynczej — 84
67. **Komu? Czemu?** – celownik liczby pojedynczej i mnogiej — 86
68. **Pół, połowa, półtora, półtorej** – określenia ilości *pół, połowa, półtora, półtorej* — 87
69. **Grasz w pokera?** – rekcja czasownika — 88
70. **Prosiłem, żebyś nie pracowała tak długo** – zdania podrzędnie złożone — 89

Słowniczek — 90

Klucz — 130

Test końcowy — 137

1 Opalamy się nad jeziorem

przyimki

Proszę wpisać odpowiednie przyimki.

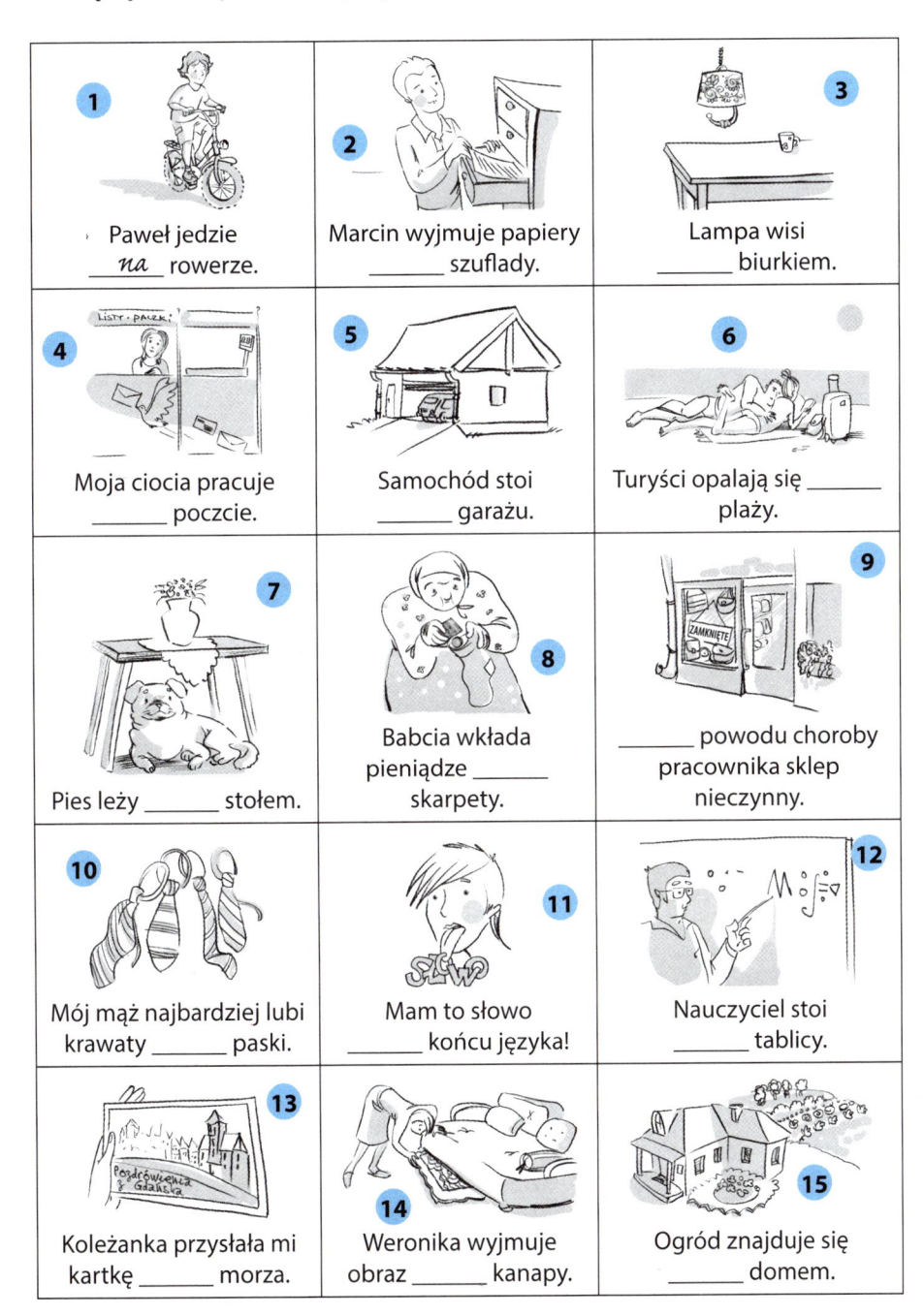

1. Paweł jedzie __na__ rowerze.
2. Marcin wyjmuje papiery _____ szuflady.
3. Lampa wisi _____ biurkiem.
4. Moja ciocia pracuje _____ poczcie.
5. Samochód stoi _____ garażu.
6. Turyści opalają się _____ plaży.
7. Pies leży _____ stołem.
8. Babcia wkłada pieniądze _____ skarpety.
9. _____ powodu choroby pracownika sklep nieczynny.
10. Mój mąż najbardziej lubi krawaty _____ paski.
11. Mam to słowo _____ końcu języka!
12. Nauczyciel stoi _____ tablicy.
13. Koleżanka przysłała mi kartkę _____ morza.
14. Weronika wyjmuje obraz _____ kanapy.
15. Ogród znajduje się _____ domem.

2. Składać czy złożyć?

pary aspektowe czasownika

A Proszę dopisać brakującą formę aspektową czasownika.

1	*zdejmować*	zdjąć
2	wyjmować	
3		położyć
4	ubierać (się)	
5		usiąść
6	wkładać	
7		otworzyć
8	odpowiadać	
9	ciąć	
10		rozwieść się
11	wysiadać	
12		pokroić
13	pobierać się	
14	umierać	
15		złożyć

B Proszę wstawić odpowiednią formę pasującego czasownika z powyższej tabelki.

1. Wczoraj Tomek __*położył się*__ spać już o 22.00, bo był zmęczony.
2. Proszę nie stać. To miejsce jest wolne, niech pani _____!
3. Mama zrobiła pranie i teraz _____ rzeczy do szafy.
4. Proszę, niech pan nie _____ okna, jest mi zimno!
5. My zawsze _____ na tym przystanku, a ty?
6. Dzieci robią zabawki i _____ nożyczkami kolorowy papier.
7. Słyszałeś, że Monika i jej mąż _____? Nie chcą być już razem.
8. Nasza firma _____ właśnie wniosek o dotację z Unii Europejskiej.

> **Czy wiesz, że...**
> Formę dokonaną czasownika tworzymy od jego formy niedokonanej.
> Jedną z możliwości jest dodanie prefiksu do formy niedokonanej czasownika, np.: kroić – **po**kroić.
> Inna możliwość utworzenia formy dokonanej czasownika to zmiana tematu czasownika niedokonanego poprzez sufiks, np.: odpowi**adać** – odpowi**edzieć**.
> Ostatnia możliwość to utworzenie formy dokonanej za pomocą formy supletywnej, tzn. czasownika o innym temacie, np.: kłaść – **położyć**.

3 Nie musisz mi tego mówić!

formy aspektowe czasownika po przeczeniu

Proszę przekształcić zdania twierdzące na zdania przeczące.

1. Powinieneś to zrobić.
   Nie powinieneś _____*tego robić*_____ .
2. Powinniście teraz wyjechać na urlop.
   Nie powinniście teraz _____ .
3. Warto przeczytać tę książkę.
   Nie warto _____ .
4. Warto obejrzeć ten film.
   Nie warto _____ .
5. Musicie posprzątać mieszkanie.
   Nie musicie _____ .
6. Musisz się ciepło ubrać.
   Nie musisz _____ .
7. Chcemy pożyczyć od was pieniądze.
   Nie chcemy _____ .
8. Chcę coś zjeść.
   Nie chcę _____ .
9. Poradź mi, co mam powiedzieć!
   Nie _____ .
10. Przetłumaczcie ten tekst!
    Nie _____ !
11. Kup coś do jedzenia!
    Nie _____ !
12. Pojedźmy w tym roku do Portugalii!
    Nie _____ !

> **Czy wiesz, że…**
> W zdaniach z przeczeniem w konstrukcjach modalnych i zdaniach w trybie rozkazującym zmieniamy automatycznie nie tylko aspekt czasownika z dokonanego na niedokonany, ale również dopełnienie w bierniku na dopełnienie w dopełniaczu:
> Chcę **kupić** *nowe buty*. – **Nie** chcę **kupować** *nowych butów*.
> **Zrób** *nowy projekt* domu. – **Nie rób** *nowego projektu* domu.

2 GRAMATYKA 9

4 Myślę, że masz rację

zdania podrzędne złożone

Proszę uzupełnić zdania odpowiednim słowem. Niektóre słowa mogą być użyte kilkakrotnie.

co	czy	gdy	gdybyśmy	jak	jeśli	kiedy	kto
~~której~~	mimo że	po tym, jak	ponieważ	zanim	że		
		żeby	żebyś				

1. To jest ta koleżanka, o _____której_____ ci opowiadałam.
2. Zawsze był szczęśliwy, _____ widział całą rodzinę przy jednym stole.
3. Mam nadzieję, _____ niedługo znów się zobaczymy.
4. Naprawdę nie wiem, _____ mam powiedzieć. Brak mi słów.
5. Prosiłam cię sto razy, _____ tego nie robił!
6. Damy panu znać, _____ tylko coś będziemy na ten temat wiedzieć.
7. Musimy koniecznie się spotkać, _____ się zastanowić nad sytuacją i znaleźć jakieś wyjście.
8. Pomoglibyśmy wam, _____ mogli.
9. Te produkty są niezdrowe, _____ zawierają dużo cukru i tłuszczu.
10. To prawda, _____ za tydzień przyjedzie tu prezydent?
11. Pomyśl, _____ coś powiesz.
12. To skandal! Nie rozumiem, _____ można coś takiego zrobić!
13. Nie potrafię ci powiedzieć, _____ to jest dobre rozwiązanie.
14. _____ wstała, umyła się i ubrała.
15. Do dzisiaj nie wiadomo, _____ jest konstruktorem tego urządzenia.
16. Dobrze, zrobię to dla ciebie, _____ wcale nie mam na to ochoty.
17. W tym sklepie było tak drogo, _____ nic nie kupiliśmy.
18. _____ była mała, lubiła słuchać bajek.
19. Pojedziemy nad Bałtyk, tylko _____ będzie ładne lato. Inaczej pojedziemy do Włoch.

5 | O czym myślisz?

rekcja czasownika

Proszę uzupełnić brakujące przyimki, a następnie z podanych słów ułożyć zdania w czasie przeszłym.

1. nie znać ^{my}, miasto, i, musieć, zapytać, _o_, droga
   Nie znaliśmy miasta i musieliśmy zapytać o drogę.

2. dzwonić ^{ja}, ___, ty, wczoraj
   _____.

3. co, przed, chwila, rozmawiać ^{wy}, ___
   _____?

4. Kaśka, dzisiaj, długo, czekać, ___, autobus, i, spóźnić się, ___, praca
   _____
   _____.

5. co, myśleć ^{ty}, ___, podczas, dzisiejsza dyskusja
   _____?

6. oni, zawsze, dużo, plotkować, ___, swój szef
   _____.

7. nie wiedzieć ^{ty}, ___, to, że, ona, wyjść, mąż
   _____?

8. one, długo, pracować, ___, ten projekt
   _____.

9. oni, cały czas, coś, kłócić się, ___
   _____.

10. Mariusz, nikt, to, nie, poinformować, ___
    _____.

2 GRAMATYKA   11

6 Co on powiedział?

koniugacja czasowników w czasie przeszłym – aspekt

Proszę wstawić odpowiednią formę czasownika w czasie przeszłym.

1

Anka: 42 minut(y) temu w pobliżu: Łódź   Lubię to! • Dodaj komentarz

Dziś wstałam już o piątej, ___wzięłam___ prysznic
i _____ do Krakowa na konferencję.
Dopiero teraz _____!

brać / ~~wziąć~~, jechać / pojechać, wracać / wrócić

2

Magda: 15 minut(y) temu w pobliżu: Kraków   Lubię to! • Dodaj komentarz

Na wakacjach we Włoszech ja i Piotrek codziennie
_____ w morzu i _____ do baru
na świeżą rybę.

kąpać się / wykąpać się, iść / chodzić / pójść

3

Michał: 2 dni temu temu w pobliżu: Wrocław   Lubię to! • Dodaj komentarz

Zawsze chętnie _____ na nartach. W tym roku
też szukam chętnych na wyjazd w Alpy. Kto ma ochotę?

jechać / pojechać / jeździć

4

Paweł: 55 minut(y) temu w pobliżu: Poznań   Lubię to! • Dodaj komentarz

Ja i Artur _____ wczoraj pizzę przez telefon
i _____ cały wieczór telewizję. Było super!

zamawiać / zamówić, oglądać / obejrzeć

5

Dorota: 3 tygodnie temu w pobliżu: Lublin   Lubię to! • Dodaj komentarz

(Oni) _____ mi dzisiaj prąd! Dobrze, że mam
naładowaną baterię w laptopie!

wyłączać / wyłączyć

6

Jacek: 18 minut(y) temu w pobliżu: Gdańsk   Lubię to! 👍 • Dodaj komentarz

Witam wszystkich! _____ nogę na nartach i siedzę w domu. Nudno!

łamać / złamać

7

Darek: 15 minut(y) temu w pobliżu: Warszawa   Lubię to! 👍 • Dodaj komentarz

_____ właśnie radio, a tam mówią o naszej szkole! Też to _____ czy śpicie?

włączać / włączyć , słyszeć / usłyszeć

8

Arek: 1 minut(y) temu w pobliżu: Szczecin   Lubię to! 👍 • Dodaj komentarz

Moja żona ma jutro urodziny, a ja jeszcze nie _____ żadnego prezentu! Macie jakiś pomysł?!

kupować / kupić

9

Hanka: 10 minut(y) temu w pobliżu: Opole   Lubię to! 👍 • Dodaj komentarz

_____ fajnego chłopaka, _____, że zadzwoni, czekam i czekam, a on nie dzwoni!

poznawać / poznać , obiecywać / obiecać

10

Przemek: 2 minut(y) temu w pobliżu: Katowice Lubię to! 👍 • Dodaj komentarz

Do fanów *Czterech pancernych i psa* ! Kto pamięta, gdzie _____ Janek i Marusia?

poznawać się / poznać się

Lubię to! • Dodaj komentarz • Udostępnij

2 GRAMATYKA   13

7 Proszę wejść!

czasownik iść z prefiksami

Proszę wstawić odpowiedni bezokolicznik. Niektóre bezokoliczniki mogą być użyte wielokrotnie.

| przyjść | przejść | podejść | pójść | wyjść | wejść | pójść |
| iść | wejść | dojść | ~~pójść~~ | przyjść | wyjść | przejść |

1. W sobotę Ola chce __pójść / iść__ do mamy na imieniny, dlatego szuka teraz odpowiedniego prezentu.

2. Proszę _____ do następnego skrzyżowania, _____ na drugą stronę ulicy i po prawej stronie zobaczy pan budynek poczty głównej.

3. – Czy można?
   – Tak, proszę _____! Drzwi są otwarte.

4. Masz ochotę _____ na spacer?

5. – O której powinni _____ pierwsi goście?
   – Myślę, że parę minut po ósmej. Zaproszenie jest na ósmą.

6. Musimy natychmiast _____, taksówka czeka!

7. Nie miałabyś ochoty _____ ze mną w weekend do kina?

8. Musi pan _____ przez most, potem _____ cały czas prosto aż do pierwszego skrzyżowania i skręcić w lewo.

9. O której musisz _____ z domu, żeby zdążyć na autobus?

10. Czy mógłbyś kiedyś _____ do mnie i pokazać mi, jak działa ten program? Byłabym ci bardzo wdzięczna!

11. Panie Tomku, proszę tu do mnie _____ i popatrzeć na to!

12. Może mi powiesz, jak mamy _____ do środka, jeżeli drzwi są zamknięte i nie mamy klucza? Bo ja nie wiem jak!

8. Z dwiema koleżankami i z dwoma kolegami

deklinacja liczebników głównych

Proszę wstawić odpowiednią formę liczebnika głównego.

1. Bluzka kosztuje __sześćdziesiąt__ __pięć__ (65) złotych.
2. Brakuje mi _____ (3) złotych.
3. W barze mlecznym można kupić obiad za _____ (15) złotych.
4. Cała rodzina mieszkała w _____ (2) pokojach.
5. W tym eleganckim budynku na _____ (10) piętrach znajdują się luksusowe apartamenty.
6. Potrzebujemy jeszcze _____ (4) wolnych miejsc.
7. Kupiłam _____ (1) butelkę wody mineralnej i _____ (2) butelki soku.
8. Wyjeżdżamy za _____ (6) dni.
9. Za _____ (20) minut zacznie się film.
10. Wrócę do Polski za _____ (7) miesięcy.
11. Pani Sidorowska wyjechała na urlop z _____ (2) córkami.
12. Nauczyciel pojechał na wycieczkę do Krakowa z _____ _____ (25) uczniami.
13. Profesor opowiada o _____ (5) ambitnych studentach.
14. To jest film dla dzieci o _____ (3) małych świnkach.
15. Moja córka bardzo lubi bajkę o _____ (7) krasnoludkach.
16. Na kursie nie było dzisiaj _____ (4) osób.
17. Samolot ze _____ _____ _____ (153) pasażerami na pokładzie szczęśliwie wylądował.
18. W naszej grupie jest _____ (8) kobiet.
19. W innej grupie jest _____ (8) mężczyzn.
20. Szef rozmawia z _____ (2) pracownikami.

> **Czy wiesz, że...**
> Liczebniki w języku polskim odmieniają się przez przypadki: NOM **trzy** *koleżanki*, GEN **trzech** *koleżanek*, DAT **trzem** *koleżankom*, ACC **trzy** *koleżanki*, INST z **trzema** *koleżankami*, LOC o **trzech** *koleżankach*.
> Istnieją specjalne formy liczebników dla form męskoosobowych: **dwaj** / **dwóch**, **trzej** / **trzech**, **czterej** / **czterech**, **pięciu**, **sześciu** itd. oraz specjalna forma żeńska **dwie**.
> Liczebniki **jeden**, **jedna**, **jedno** odmieniają się jak przymiotniki.

9 Idę po mleko do kawy

przyimki

Proszę uzupełnić brakujące przyimki.

1. Idę…
   a. _do_ centrum handlowego kupić nowe buty _dla_ naszego syna.
   b. dzisiaj ____ piwo ____ przyjaciółmi.
   c. ____ sklepu ____ kawę, bo się skończyła.

2. Jedziemy…
   a. ____ tym roku ____ urlop ____ morze, a nie ____ góry.
   b. ____ dworzec ____ naszą mamę, która przyjechała ____ nas ____ święta.
   c. ____ dziećmi ____ południu ____ rzekę.

3. Spotkamy się…
   a. ____ drugiej ____ kinem albo ____ kasie – jak wolisz?
   b. ____ tydzień ____ konferencji ____ Paryżu, o ile dobrze pamiętam.
   c. ____ zebraniu ____ szefa ____ godzinę, dobrze?

4. Wczoraj miałam urodziny i…
   a. dostałam ____ kolegów z pracy coś ____ czytania, wazon ____ kwiaty i kieliszki ____ wina.
   b. zaprosiłam ____ imprezę kilka osób i bawiliśmy się ____ późnej nocy.
   c. ____ południu poszłam ____ zakupy, kupiłam prezent ____ siebie oraz rzeczy potrzebne ____ imprezę.

5. ____ sierpniu…
   a. pojadę ____ koleżankami ____ kurs językowy ____ Hiszpanii.
   b. ____ Polsce były upały i hotele ____ morzem nie miały wolnych miejsc ____ wszystkich chętnych.
   c. ____ terenie całej Małopolski ____ dwa tygodnie ani razu nie padał deszcz.

10 Dobrze, dobrze!

przymiotniki i przysłówki

Proszę wybrać odpowiedni przymiotnik lub przysłówek.

1. Nie jestem pewna, czy __d__ pana zrozumiałam. Proszę powtórzyć!
   a. dobry   b. dobre   c. dobrą   d. dobrze

2. To prawdziwy sukces! Nasz skoczek jeszcze nigdy tak ____ nie skoczył.
   a. wysoko   b. wysoki   c. wysoką   d. wysokie

3. Jej nowe mieszkanie jest ____, ale dosyć małe.
   a. ładnie   b. ładne   c. ładnym   d. ładny

4. Chciałbym chociaż raz w życiu dostać w prezencie coś naprawdę ____.
   a. drogi   b. drogie   c. drogo   d. drogiego

5. Wszystkim pasażerom życzymy ____ podróży!
   a. miłe   b. miło   c. miłej   d. miły

6. Tylko w kilku wybranych księgarniach można ____ kupić książki.
   a. tania   b. tanio   c. tani   d. tanie

7. W tej pizzerii obsługują naprawdę ____.
   a. szybka   b. szybkie   c. szybkiemu   d. szybko

8. Musimy iść na piechotę do najbliższej wsi, ____ droga przed nami.
   a. daleka   b. daleki   c. dalekie   d. daleko

9. Był utalentowanym aktorem, ale niestety zmarł ____ na początku swojej światowej kariery.
   a. młodo   b. młodą   c. młodej   d. młode

10. Interesują mnie ludzie potrafiący ____ argumentować.
    a. logicznie   b. logiczne   c. logiczny   d. logiczni

11. Nie mogę ci powiedzieć, czy to spotkanie było ____, bo musiałem wyjść do biura.
    a. ciekawym   b. ciekawie   c. ciekawą   d. ciekawe

12. Dzięki swojej pracy i wytrwałości ____ odnosił sukcesy i wreszcie został prezesem dużej firmy.
    a. stopniowy   b. stopniowo   c. stopniowe   d. stopniowymi

11 Słucham muzyki, pracując

imiesłowy na -ący, -ąc, -ony, -ny, -ty

Proszę uzupełnić zdania odpowiednimi formami imiesłowów.

1. Andrzej popatrzył na ___badającego___ go lekarza. badać
2. Zapytał o drogę _____ na przystanku kobietę. stać
3. Nie znam tego mężczyzny _____ przy oknie. siedzieć
4. Proszę przeczytać na głos _____ tekst. przygotować
5. Pisałam list, _____ muzyki. słuchać
6. _____ autobusem, powtarzałem nowe słówka z angielskiego. jechać
7. Czy masz _____ pracę domową? zrobić
8. Podoba mi się ten obraz _____ nad kanapą. wisieć
9. Co kupiliście za _____ pieniądze? zarobić
10. Ta księgarnia jest _____ w soboty. zamknąć
11. _____ mieć dobre oceny, musisz się systematycznie uczyć. chcieć
12. Stała przed drzwiami, _____ w rękach bagaże. trzymać
13. Czy są _____ ryby? wędzić
14. Muszę jechać do warsztatu z _____ szybą w samochodzie. rozbić

> **Czy wiesz, że…**
> W języku polskim występują cztery rodzaje imiesłowów, z czego najczęściej używane są trzy:
> – przymiotnikowy czynny, odmieniany jak przymiotnik: *czytający* student, *czytająca* studentka, *czytające* dziecko;
> – przysłówkowy współczesny, nieodmienny: *Czytając* gazetę, słuchał wiadomości;
> – przymiotnikowy bierny, odmienia się jak przymiotnik: *czytana* / *przeczytana* gazeta, *czytany* / *przeczytany* tekst, *czytane* / *przeczytane* ogłoszenie.

12 Maseczki domowej roboty

deklinacja rzeczowników, przymiotników i zaimków

Proszę podkreślić właściwe słowo.

Maseczki pozwalają nas / nam [1] się odprężyć. Relaksuje już samo przygotowywanie takiego / takiej [2] kosmetyku, czyli chwila poświęcona tylko siebie / sobie [3]. A wiadomo, że kiedy jesteśmy zrelaksowanych / zrelaksowane [4], to zawsze wyglądamy i czujemy się lepiej!

Do maseczek domowej roboty / robocie [5] zawsze trzeba używać warzywami / warzyw [6] i owoców / owoc [7] wiadomego pochodzenia, najlepiej z własnemu / własnego [8] ogródka lub upraw ekologiczne / ekologicznych [9]. (…)

Domowi / Domowe [10] maseczki, podobnie jak ci / te [11] gotowe, nakładamy zawsze na starannie oczyszczoną twarzą / twarz [12], bez makijażowi / makijażu [13]! Dobrze jest najpierw umyć ją żelu / żelem [14] lub użyć mleczka / mleczkiem [15] i przetrzeć toniku / tonikiem [16]. (…)

Po upływie wymaganego czasu / czasie [17] zmywamy maseczkę / maseczką [18] letnią wodą / wodę [19] lub wacikiem. Następnie używamy kremu / krem [20] nawilżającego (…).

(Po urodę do warzywniaka, „Życie na gorąco" 2011, nr 33)

13. Chcąc zdać ten egzamin, musisz się więcej uczyć

imiesłów przysłówkowy współczesny

Proszę przekształcić zdania z *kiedy* na zdania z odpowiednim imiesłowem zakończonym na -ąc.

1. Kiedy zasypiał, myślał o problemach w pracy.
   Zasypiając, myślał o problemach w pracy.

2. Kiedy szedł do pracy, kupił gazetę.
   _____

3. Zawsze oglądała telewizję, kiedy prasowała.
   _____

4. Kiedy podróżowały pociągiem, często czytały książki.
   _____

5. Kiedy się uczyła do egzaminu, mało spała.
   _____

6. Kiedy pracowałeś w tej firmie, nie miałeś czasu dla rodziny.
   _____

7. Myślał cały czas o pracy, kiedy oglądał film w kinie.
   _____

8. Kiedy czytała tę smutną historię, płakała.
   _____

9. Kiedy robiłam duże zakupy, zawsze płaciłam kartą.
   _____

10. Kiedy o tym rozmawiali, natychmiast tracił dobry humor.
    _____

11. Zawsze zabierali ze sobą psa, kiedy jechali na wakacje.
    _____

14 Nie mogłam przyjść

czasowniki modalne w czasie przeszłym

Proszę wstawić odpowiednią formę czasownika w czasie przeszłym.

1. Kasia była chora i nie ____*mogła*____ iść z nami do teatru. **móc**
2. Czekałam na ciebie pół godziny. Nie _____ do mnie zadzwonić, że się spóźnisz? **móc** ty, masc
3. Wiedziałam o tym, ale nie _____ ci mówić. **chcieć**
4. Idziecie na film?! Myślałam, że _____ iść w sobotę na mecz. **chcieć** wy, masc
5. Tak mi się podobała ta sukienka, że po prostu _____ ją kupić! **musieć** ja, fem
6. W domu nie było nic do jedzenia i _____ jechać na zakupy. **musieć** my, fem i masc
7. Jest mi zimno, wracam do domu! _____ iść do kina, tak jak proponowałam! **móc** my, fem i masc
8. Nie wiesz, czego oni _____? **chcieć**
9. Byłam zmęczona i nie _____ mi się nic robić. **chcieć**
10. Mimo że jest sobota, mój mąż _____ iść do pracy. **musieć**
11. Nie _____ jej tego mówić! To było zupełnie niepotrzebne! **musieć** ty, masc
12. Czekamy na was już od godziny! _____ chociaż wysłać SMS-a, że się spóźnicie! **móc** wy, masc i fem
13. Nie _____ cię denerwować, dlatego nic ci nie powiedziałyśmy. **chcieć** my, fem

2 GRAMATYKA 21

15 Czy ktoś coś o tym słyszał?

zaimki nieokreślone ktoś, coś

Proszę wstawić zaimki *ktoś* lub *coś* w odpowiedniej formie gramatycznej.

1. Zgubiliśmy się. Trzeba _____*kogoś*_____ zapytać o drogę. ktoś
2. _____ tu nie rozumiem. Możesz mi to wyjaśnić? coś
3. Muszę z _____ o tym porozmawiać. ktoś
4. Pomyśl o _____ miłym, to nie będzie ci smutno! coś
5. One rozmawiały o _____ z pracy, ale ja nie znam tej osoby. ktoś
6. Jest tu _____? ktoś
7. Jeżeli masz z _____ problemy, chętnie ci pomogę. coś
8. Mam ochotę na _____ słodkiego. coś
9. _____ tu ładnie pachnie, nie wiesz co? coś
10. Potrzebuję _____ do pomocy. ktoś
11. Mówiłaś _____ o tym? ktoś
12. Stali przed wystawą i długo _____ się przyglądali. coś
13. Ona mi _____ przypomina, ale nie wiem kogo. ktoś
14. Masz chwilę? Chciałbym cię o _____ poprosić. coś
15. Jesteś bardzo zamyślona – cały czas o _____ marzysz. coś

16 Co cię boli? Co ci jest?

zaimki osobowe w celowniku i bierniku

Proszę wstawić odpowiednie formy zaimków osobowych w celowniku i bierniku.

1
– Co _im_ one jest?
– Jest _im_ one smutno, bo nie zdały egzaminu.

2
– Co _____ on jest?
– Boli _____ on ząb, ale nie chce iść do dentysty, bo się boi.

3
– Co _____ oni jest?
– Bolą _____ oni nogi, bo cały dzień wędrowali w górach.

4
Co _____ wy jest?
Jest _____ my zimno. W naszym kraju zima nie jest taka mroźna jak w Polsce.

5
– Co _____ one jest?
– Bolą _____ one uszy, bo słuchają bardzo głośnej muzyki.

6
Co _____ ty jest?
Boli _____ ja gardło.

7
Co _____ ty jest?
Jest _____ ja niedobrze. Zjadłem za dużo.

8
– Co _____ on jest?
– Jest _____ on gorąco, bo za ciepło się ubrał.

9
Co _____ ty jest? Boli _____ ty brzuch?
Nie, boli _____ ja żołądek, chyba zjadłem coś nieświeżego.

10
Chce _____ ja się pić.

11
Nic nie jedliśmy. Chce _____ my się jeść.

12
– Co _____ ona jest?
– Boli _____ ona głowa, bo wczoraj piła wino i paliła papierosy.

2 GRAMATYKA 23

17 Kochasz mnie?

deklinacja zaimków osobowych

Proszę wpisać podane zaimki osobowe w odpowiedniej formie.

1. Pożyczyłem ___im___ `oni` pieniądze, bo byli w trudnej sytuacji.
2. Naprawdę _____ `ona` lubisz? _____ `ja` _____ `ona` nie lubię, jest złośliwa.
3. Nie lubię _____ `on` . Jest arogancki i zbyt pewny siebie.
4. Kocham _____ `ty` ! Nie wyobrażam sobie życia bez _____ `ty` !
5. Nie wiem, co się ze _____ `ja` dzieje! Cały czas myślę tylko o _____ `on` .
6. Przyjdę do _____ `ty` wieczorem. Będziesz w domu?
7. Bez _____ `on` nie byłoby to możliwe. Bardzo _____ `my` pomógł.
8. Nigdy nie można na _____ `on` polegać.
9. Chcielibyśmy _____ `wy` zaprosić do _____ `my` na kolację.
10. Przed chwilą widziałem _____ `one` na ulicy. Nie zauważyły _____ `ja` .
11. Poczekajcie na _____ `ja` przed teatrem. Tylko chwilę z _____ `oni` porozmawiam i możemy jechać do domu.
12. Spotkałyśmy _____ `ona` wczoraj na Rynku. Pytała o _____ `wy` .
13. Pojedziecie z _____ `my` na wycieczkę w góry?
14. Zadzwonię do _____ `oni` wieczorem, teraz nie mam czasu.
15. Dałam _____ `ty` już mój nowy adres? Dwa tygodnie temu przeprowadziłam się do innej dzielnicy.

> **Czy wiesz, że…**
> Niektóre zaimki osobowe mają dwie albo trzy formy, najczęściej dłuższe i krótsze, np.:
> on → **go**, **jego**, **niego** (GEN).
> Dłuższych form używamy, gdy chcemy coś zaakcentować albo gdy znajdują się one na początku zdania, np.:
> **Jego** znam bardzo dobrze!
> Form z **n-** albo **ni-** na początku używamy tylko razem z przyimkami, np.:
> Czekam na **niego** już od godziny!

18 | Rano albo nad ranem

przyimki

Proszę zakreślić pasujący przyimek.

1. Wczoraj dostaliśmy od naszych dobrych znajomych kartkę _____ morza.
   u / (znad) / od

2. Codziennie, zanim wyjdę z domu, sprawdzam, czy mam _____ sobie dokumenty i pieniądze.
   o / w / przy

3. Michał zasnął dopiero _____ ranem, mimo że wieczorem był bardzo zmęczony.
   nad / pod / za

4. On zawsze był zarozumiały i patrzył na innych _____ góry.
   dla / do / z

5. Nigdy mi nie chcesz powiedzieć, co o tym myślisz. Umieram _____ ciekawości!
   od / z / dla

6. To był ciepły dzień, ale _____ wieczór zrobiło się chłodno.
   nad / za / pod

7. Obudziły nas ptaki śpiewające _____ świcie.
   o / na / przy

8. Powtarzaliśmy słówka i gramatykę dzień _____ dzień, przez całe ferie. Dlatego tak dobrze zdaliśmy ten egzamin!
   na / w / za

9. Łukasz wiele lat mieszkał _____ granicą, gdzie pracował w polsko-niemieckiej fundacji.
   pod / nad / za

10. Poczekaj chwilę, proszę. Przyjdę do ciebie _____ moment, teraz nie mam czasu.
    za / w / pod

2 GRAMATYKA   25

19 Mam duże dzieci i mało czasu

przymiotniki i przysłówki

Proszę wybrać odpowiednią formę przymiotnika lub przysłówka.

1. Mamy _b_ pracy i siedzimy w biurze do wieczora.
   a. duże   b. dużo   c. duży

2. Moja koleżanka ma dwie ___ córki, które studiują.
   a. duże   b. dużo   c. duży

3. W tym mieście są ___ sklepy, prawie nie ma już tych mniejszych z obsługą.
   a. duże   b. dużo   c. duży

4. W tym mieście jest ___ sklepów, ale brakuje zieleni i wody.
   a. duże   b. dużo   c. duży

5. Wieczorem w tygodniu na ulicy jest ___ ludzi, tylko w weekendy coś się dzieje.
   a. małe   b. małą   c. mało

6. Patryk przygotował śniadanie swojej ___ córce, która chodzi jeszcze do przedszkola.
   a. małe   b. małej   c. mało

7. Chcemy kupić ___ mieszkanie w Krakowie, na większe nas przy tych cenach nie stać.
   a. małe   b. małą   c. mało

8. Nie myśl nad tym za ___! Po prostu zrób to!
   a. dużo   b. duże   c. dużego

9. W dzisiejszych czasach można zaoszczędzić ___ czasu, latając samolotami, ale nie jest to ekologiczne.
   a. dużym   b. dużo   c. duże

10. Ten płaszcz kosztował naprawdę bardzo ___, ale wygląda niezwykle elegancko.
    a. małe   b. mało   c. mały

20 | Co by było, gdyby... (1)

zdania warunkowe

Proszę przekształcić zdania, używając form trybu przypuszczającego.

1. Janek nie uczył się systematycznie i nie zdał egzaminu.
   Gdyby Janek _uczył się systematycznie, zdałby egzamin_.

2. Oni jechali bardzo szybko i mieli wypadek.
   Gdyby oni _____.

3. Poszłam wczoraj późno spać i teraz jestem zmęczona.
   Gdybym _____.

4. Agnieszka była na nartach i złamała nogę.
   Gdyby Agnieszka _____.

5. Rafał wrócił niezadowolony z urlopu, bo cały czas padało.
   Gdyby cały czas _____.

6. Nie miałem ze sobą parasola i wróciłem do domu mokry.
   Gdybym _____.

7. Moja koleżanka nie ma dobrej kondycji, bo nie uprawia sportu.
   Gdyby moja koleżanka _____.

8. Płacimy dużo za telefon, bo często dzwonimy za granicę.
   Gdybyśmy _____.

9. Często się spóźniacie, bo nie macie zegarka.
   Gdybyście _____.

10. Oni mówią bardzo dobrze po angielsku, bo mają stały kontakt z językiem.
    Gdyby oni _____.

! Czy wiesz, że...

Partykuły modalne **-bym**, **-byś**, **-by**, **-byśmy**, **-byście**, **-by** mogą znajdować się na końcu czasownika, np.: *Co zrobiłbyś na moim miejscu?* lub przed nim, np.: *Co byś zrobił na moim miejscu?* Te ostatnie formy występują bardzo często w mowie potocznej.

Akcent w czasownikach z partykułą *-by* w 1. i 2. osobie l. mn. leży na czwartej sylabie od końca, np.: *zro-**bi**-li-byś-my*. Czasowniki w l. poj. i 3. osobie l. mn. akcentujemy na trzeciej sylabie od końca np.: ***by**-liś-my*.

2 GRAMATYKA 27

21 Mój pokój w akademiku

formy miejscownika liczby pojedynczej i mnogiej

Proszę wpisać wyróżnione słowa w formie miejscownika liczby pojedynczej lub mnogiej.

Cześć! Mam na imię Magda. Mieszkam i studiuję w ____Katowicach____ Katowice [1]. Mieszkam w _____ akademik [2] przy _____ ulica Brzozowa [3] na _____ _____ piąte piętro [4]. W _____ _____ _____ ten sam budynek [5], na _____ _____ trzecie piętro [6], mieszka mój chłopak. To bardzo praktyczne… ;-)

Oboje studiujemy prawo na _____ uniwersytet [7]. Jesteśmy na _____ _____ drugi rok [8]. Nasi koledzy i koleżanki mieszkają w _____ _____ inne akademiki [9] albo w _____ _____ wynajmowane mieszkania [10].

W _____ _____ mój pokój [11] nie ma dużo mebli. W _____ róg [12] pod oknem stoi łóżko, obok szafa na ubrania i regał na książki. Na _____ środek [13] pokoju stoi stół i dwa krzesła. Na _____ ściany [14] wiszą półki i zdjęcia. Na _____ stół [15] leżą zawsze jakieś książki i notatki, tak samo na _____ regały [16], na obu _____ krzesła [17], na _____ szafa [18], na _____ łóżko [19] i na _____ podłoga [20]. Niestety, mam tu mało miejsca i duży bałagan!

22 | Płynął, płynęli…
czasowniki z morfemem *-ną-* w czasie przeszłym

Proszę uzupełnić brakujące formy osobowe podanych czasowników w czasie przeszłym.

1. krzyknąć
   Ewa __*krzyknęła*__ głośno z bólu.
   Kolega __*krzyknął*__ coś do mnie, ale go nie słyszałem.
2. kopnąć
   Ze złości Rysiek _____ patyk leżący na ziemi.
   Beata i Asia z całych sił _____ piłkę.
3. minąć
   Wakacje szybko _____ .
   Nawet nie wiem, kiedy ten czas _____ .
4. szepnąć
   Popatrzył na nią chwilę, a potem coś jej _____ do ucha.
   „Boję się." – _____ siostra.
5. zmarznąć
   „Ale _____!" – powiedziała mama.
   Nie miał ani czapki, ani szalika. Nic dziwnego, że _____ .
6. kwitnąć
   W zeszłym roku pięknie _____ nasz bez w ogrodzie.
7. potknąć się
   Znowu nie patrzyłaś pod nogi i _____ ____. Uważaj!
8. ściągnąć
   Wczoraj Weronika _____ z Internetu muzykę swojego ulubionego zespołu rockowego.
9. płynąć
   Było zimno i chłopcy szybko _____ do brzegu.
10. mrugnąć
    Widziałaś? On do mnie _____!
    A ty, Aniu, też do niego _____?

> **Czy pamiętasz, że…**
> Większość czasowników zakończonych na **-nąć** zachowuje przyrostek **-ną- (-nę-)** w czasie przeszłym, np.: krzyk**ną**ć – krzyk**ną**ł, krzyk**nę**ła, krzyk**nę**li, krzyk**nę**ły, albo płyn**ą**ć – płyn**ą**ł, płyn**ę**ła, płyn**ę**li, płyn**ę**ły, ale niektóre czasowniki go nie mają, np.: rosnąć – rósł, rosła, rośli, rosły.

2 GRAMATYKA 29

23 Wczoraj wieczorem poszłam z koleżanką do kina

czasownik *iść* z prefiksami – czas przeszły

Proszę wstawić czasownik w odpowiedniej formie czasu przeszłego.

1. ___Poszedłem___ pójść ja, masc po południu na spacer, bo wreszcie zrobiło się ciepło. Z przyjemnością ___chodziłem___ chodzić po słonecznych ulicach.
2. Kobieta obejrzała się i _____ przejść szybko przez ulicę. Nikt za nią nie _____ iść.
3. Pracownicy _____ przychodzić ostatnio do biura już o siódmej, bo trzeba było skończyć ważny projekt, i _____ wychodzić zmęczeni po całym dniu pracy.
4. Dziewczyny _____ pójść na pocztę, ale natychmiast z niej _____ wyjść, jak tylko zobaczyły kolejkę. Następnego dnia _____ pójść tam jeszcze raz.
5. Skończyła się przerwa i uczniowie szybko _____ rozejść się do swoich klas.
6. O której _____ wyjść ty, masc rano do biura? Nie słyszałam, jak _____ wychodzić.
7. Studentki _____ iść właśnie na zajęcia i rozmawiały o zbliżającym się egzaminie, kiedy _____ podejść do nich profesor.
8. Rodzice _____ pójść w sobotę na urodziny kolegi, ale zanim _____ wyjść z domu, powtórzyli dzieciom kilka razy, czego nie wolno im robić podczas ich nieobecności.
9. Nie wiedziałam, że Jola i Marcin _____ rozejść się! Podobno to ona od niego _____ odejść!
10. Włamywacz _____ wejść przez otwarte okno, ukradł komputer i _____ wyjść przez nikogo niezauważony. Państwo Jankowscy spali dalej.
11. Policjanci _____ obejść dom trzy razy w poszukiwaniu śladów włamywacza.
12. Zanim Joasia _____ wyjść za mąż za Marco, _____ chodzić długo na intensywny kurs włoskiego.

24 Czy jedzenie hamburgerów jest zdrowe?

rzeczowniki odczasownikowe

Proszę wstawić odpowiednią formę rzeczownika odczasownikowego.

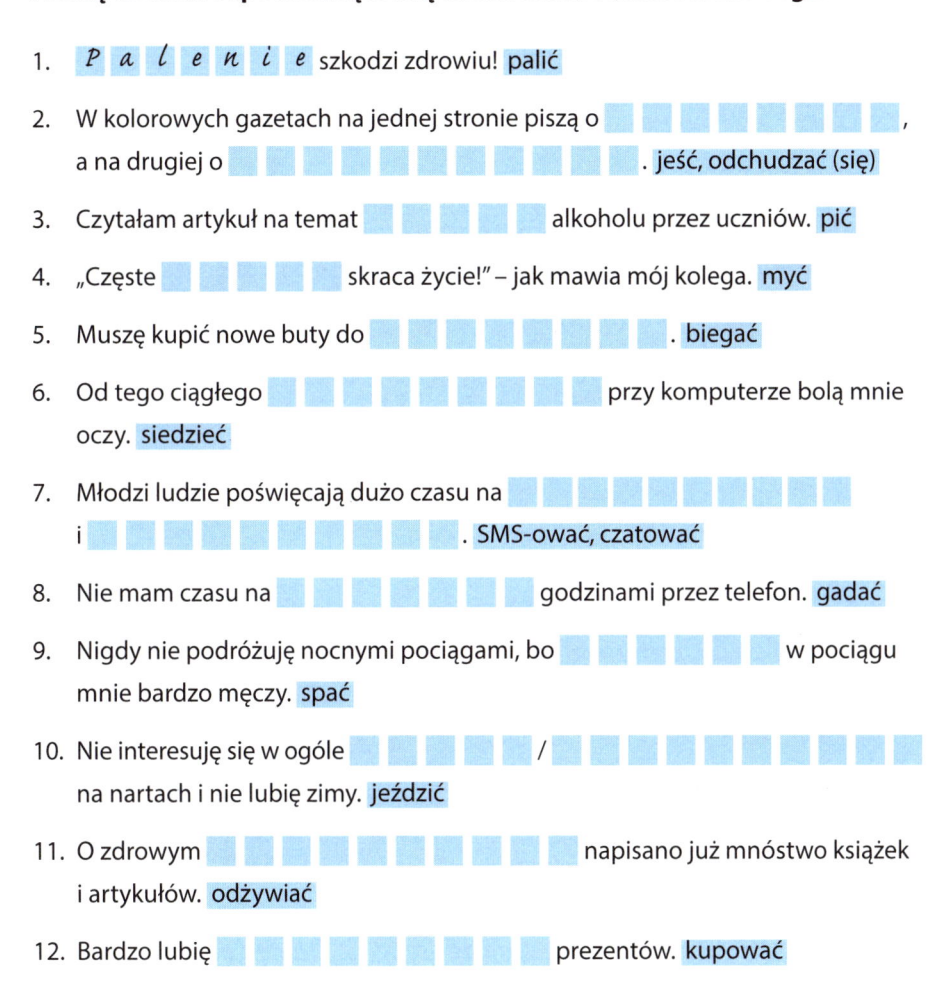

1. *Palenie* szkodzi zdrowiu! palić
2. W kolorowych gazetach na jednej stronie piszą o _____, a na drugiej o _____. jeść, odchudzać (się)
3. Czytałam artykuł na temat _____ alkoholu przez uczniów. pić
4. „Częste _____ skraca życie!" – jak mawia mój kolega. myć
5. Muszę kupić nowe buty do _____. biegać
6. Od tego ciągłego _____ przy komputerze bolą mnie oczy. siedzieć
7. Młodzi ludzie poświęcają dużo czasu na _____ i _____. SMS-ować, czatować
8. Nie mam czasu na _____ godzinami przez telefon. gadać
9. Nigdy nie podróżuję nocnymi pociągami, bo _____ w pociągu mnie bardzo męczy. spać
10. Nie interesuję się w ogóle _____ / _____ na nartach i nie lubię zimy. jeździć
11. O zdrowym _____ napisano już mnóstwo książek i artykułów. odżywiać
12. Bardzo lubię _____ prezentów. kupować

25 Boli mnie dolna szóstka!

deklinacja rzeczowników pochodzących od liczebnika

Proszę wybrać odpowiednią formę rzeczownika.

1. Czy _b_ (12) jedzie do centrum?
   a. dwunasty   b. dwunastka   c. dwudziestka
2. Dentysta powiedział mi, że moja górna ____ (4) po prawej stronie jest do leczenia.
   a. czwórka   b. czworo   c. czwarta
3. Łukasz dostał wczoraj ____ (1) z matematyki. Kiedy on się w końcu zacznie uczyć?!
   a. jedynkę   b. jedenastkę   c. jedna
4. Pan Stępnikowski mieszka pod ____ (8).
   a. ósmej   b. ósmą   c. ósemką
5. Jesteś pewien, że ____ (7) dojedziemy do Rynku? Wydaje mi się, że ona tamtędy już dawno nie jeździ.
   a. siódmą   b. siódemką   c. siódma
6. W tym domu pod ____ (15) mieszkała kiedyś moja babcia.
   a. piętnastkę   b. piętnastką   c. piętnasta
7. Dzieci nie ma przez dwa tygodnie – cała ____ (3) wyjechała na wakacje. Możemy się wreszcie spotkać ze znajomymi.
   a. trzecia   b. troje   c. trójka
8. Mój syn jest niesamowicie inteligentny i pracowity. Ma w szkole same ____ (6) i na pewno zostanie kimś ważnym!
   a. szóstka   b. szóstki   c. szóstkę
9. Czy w waszym kraju ludzie też wierzą, że ____ (13) przynosi pecha?
   a. trzynastego   b. trzynastej   c. trzynastka
10. Do tej lampy potrzebna jest żarówka ____ (100).
    a. setna   b. sto   c. setka

! **Czy wiesz, że…**
Od liczebników można utworzyć rzeczowniki, które są zawsze rodzaju żeńskiego: *jeden* – **jedynka**, *trzynaście* – **trzynastka**, *czterdzieści* – **czterdziestka**, *sto* – **setka**. Rzeczowniki te w języku polskim są używane w wielu sytuacjach. Mogą one oznaczać, np.: oceny w szkole (uwaga: w Polsce jedynka to ocena najgorsza, szóstka – najlepsza!), numery autobusów, tramwajów lub linii metra, numery domów, mieszkań i pokoi hotelowych, grupy ludzi itd.

26 Po pracy odpoczywamy nad jeziorem

rekcja czasownika

Proszę wpisać możliwe przyimki.

1
odpoczywać
nad morzem
_____ pracy
_____ Chorwacji
_____ rodziną

2
marzyć
_____ podróży dookoła świata

3
starać się
_____ nową pracę

4
grać
_____ saksofonie
_____ karty
_____ kolegami
_____ nerwach

5
zastanawiać się
_____ rozwiązaniem problemu

6
umawiać się
_____ kawę
_____ kina
_____ dziewczyną
_____ piątek
_____ szóstej
_____ szóstą

7
należeć
_____ mojego brata
_____ partii

8
zależeć
_____ sytuacji

9
śmiać się
_____ innych
_____ dowcipu
_____ łez

10
uczestniczyć
_____ konferencji

11
odpowiadać
_____ pytanie
_____ wykonanie projektu

12
pisać
_____ rodziców
_____ swoich przeżyciach

2 GRAMATYKA 33

27 Trzy czwarte pracy mamy za sobą!

liczebniki ułamkowe i dziesiętne

Proszę wpisać poprawną formę liczebnika.

1. Tylko _jedna trzecia_ (1/3) grupy przyszła na wykład.
   a. jednej trzeciej   b. jedna trzecia

2. Już niedaleko, _____ (2/3) drogi mamy za sobą!
   a. dwie trzecie   b. dwóch trzecich

3. _____ (1/4) pieniędzy wpłaciłam na konto.
   a. jedna czwarta   b. jedną czwartą

4. Moja siostra ma _____ (3/4) etatu w biurze.
   a. trzech czwartych   b. trzy czwarte

5. Zostanę tu _____ (2,5) miesiąca.
   a. dwa i pół   b. dwóch i pół

6. Koleżanka jest na zwolnieniu od _____ (2,5) miesiąca.
   a. dwóch i pół   b. dwa i pół

7. Tylko _____ (0,3) badanych było zadowolonych ze swojej pracy.
   a. trzech dziesiątych   b. trzy dziesiąte

8. To jest _____ (0,01) tego, co jeszcze musimy zrobić!
   a. jedną setną   b. jedna setna

9. Dziecko ma gorączkę – _____ (38,7) stopnia.
   a. trzydzieści osiem i siedem
   b. trzydziestu ośmiu i siedmiu

10. Dokładnie _____
    (25,6) procent badanych spędza urlop za granicą.
    a. dwudziestu pięciu i sześciu dziesiątych
    b. dwadzieścia pięć i sześć dziesiątych

28 Wakacje w Hiszpanii
formy miejscownika liczby pojedynczej i mnogiej

Proszę wpisać wyróżnione słowa w miejscowniku liczby pojedynczej lub mnogiej.

Aneta była w _sierpniu_ sierpień [1] na _____ wakacje [2] w _____ Hiszpania [3], w _____ _____ piękne miasto [4] w _____ Andaluzja [5].

To nie były zwykłe wakacje: w _____ _____ ten czas [6] Aneta uczyła się również hiszpańskiego na _____ _____ kurs intensywny [7]. W _____ tydzień [8] miała 20 godzin zajęć, a po _____ zajęcia [9] spacerowała po _____ miasto [10], opalała się na _____ plaża [11], kąpała się w _____ morze [12] albo była na _____ wycieczka [13] z innymi studentami z kursu. Bardzo często siedziała też z kolegami i koleżankami w _____ _____ fajne bary [14] albo _____ restauracje [15]. Niestety, rzadko rozumiała, co było napisane w _____ karta [16], i czasami nie wiedziała, co je… ;-)

W weekendy jeździła z koleżankami po _____ okolica [17] albo zwiedzała różne wystawy w _____ muzea [18] i _____ galerie [19] sztuki. Próbowała też trochę czytać gazety, żeby dowiedzieć się czegoś o _____ polityka [20], _____ gospodarka [21], _____ społeczeństwo [22] i _____ kultura [23] kraju. Niestety, okazało się, że najpierw musi jeszcze dużo poczytać o _____ gramatyka [24] i poszukać wielu słów w _____ słownik [25].

2 GRAMATYKA 35

29 Chcę mieć dwoje albo troje dzieci

deklinacja liczebników zbiorowych

Proszę wpisać poprawną formę liczebnika.

1. W pokoju siedzi ____*czworo*____ ludzi. (4)
   a. czterech   b. czworo

2. Pan Wołodyjowski ma _____ dzieci. (5)
   a. pięcioro   b. pięć

3. Dzisiaj nie było _____ uczniów i uczennic. (4)
   a. czterech   b. czworga

4. Z _____ złego wolę to. (2)
   a. dwóch   b. dwojga

5. Wyjechała na urlop z _____ znajomych. (3)
   a. trojgiem   b. trzema

6. Nie mamy miejsca dla _____ pasażerów i pasażerek. (7)
   a. siedmiu   b. siedmiorga

7. Profesor rozmawia z _____ studentów. (5)
   a. pięcioma   b. pięciorgiem

8. Przyszło _____ ludzi i pytało o ciebie. (2)
   a. dwoje   b. dwóch

9. W sklepie było tylko _____ klientów. (6)
   a. sześć   b. sześcioro

10. Autobus odjechał bez _____ turystek. (3)
    a. trojga   b. trzech

> **! Czy wiesz, że...**
> W języku polskim istnieje specjalna grupa liczebników zbiorowych oznaczających grupy ludzi różnej płci lub dzieci.
> **Troje** studentów to nie to samo co **trzech** studentów lub **trzy** studentki!
> **Pięcioro** dzieci to nie to samo co **pięciu** chłopców lub **pięć** dziewczynek!
> Rzeczowniki te też odmieniają się (niestety!) przez przypadki.
> W zwrotach i wyrażeniach zachowały się często stare formy tych liczebników, np.: *z dwojga złego, na dwoje babka wróżyła*.

30 Co by było, gdyby… (2)

zdania warunkowe

Proszę wstawić czasownik w odpowiedniej formie.

1. Gdybym się więcej uczyła do egzaminu, może ___zdałabym___ zdać go lepiej.
2. Gdyby Ola nie miała wypadku, nie _____ złamać ręki.
3. Gdybyście zrobiły zakupy, _____ móc ^(wy, fem) teraz coś ugotować.
4. Gdybyś chodziła regularnie do dentysty, nie _____ mieć teraz problemów z zębami.
5. Gdyby Karol nie poszedł na urodziny kolegi, nie _____ poznać swojej przyszłej żony.
6. Gdyby dzieci nie były zmęczone, nie _____ musieć iść spać.
7. Gdybyśmy o tym wcześniej pomyślały, nie _____ musieć ^(my, fem) wracać teraz do domu.
8. Gdybym wiedział, jak brzydka będzie pogoda w lipcu, nie _____ pojechać ^(ja, masc) akurat wtedy nad morze.

9. Gdybyś był zainteresowany tym, jak się czuję, _____ zadzwonić do mnie.
10. Gdybyśmy wyszli wcześniej z domu, _____ zdążyć ^(ja, fem) na pociąg.
11. Gdybyście naprawdę chcieli coś na ten temat wiedzieć, _____ zapytać o to.
12. Gdyby oni byli lepiej zorganizowani, nie _____ tracić ^(oni) niepotrzebnie tak dużo czasu.

2 GRAMATYKA 37

31 Polska na liście UNESCO (1)
deklinacja rzeczowników i przymiotników
w liczbie pojedynczej i mnogiej

Proszę wpisać odpowiednią formę wyróżnionych rzeczowników i przymiotników.

Lista __Światowego__ __Dziedzictwa__ __Kulturalnego__
i __Przyrodniczego__ Światowe Dziedzictwo Kulturalne i Przyrodnicze [1]
UNESCO jest _____ rejestr [2] najcenniejszych
_____ obiekty [3] na _____
świat [4]. Została utworzona w 1978 roku. Znajdują się na niej również
_____ _____ unikatowe miejsca [5]
w _____ Polska [6], które koniecznie trzeba zobaczyć. Są to między innymi:

1. Stare Miasto w Krakowie
Miasto kupieckie z XIII __wieku__ wiek [1] ma największy w Europie rynek, zabytkowe kamienice, pałace i kościoły. O _____ _____ wspaniała przeszłość [2] Krakowa świadczą m.in. zachowane fragmenty XIV-wiecznych _____ _____ mury miejskie [3], średniowieczna żydowska dzielnica Kazimierz, Uniwersytet Jagielloński, renesansowy Zamek Królewski i gotycka katedra na _____ Wawel [4].

2. Kopalnia soli w Wieliczce
Historia _____ kopalnia [1] sięga XIII _____ wiek [2]. Jest to _____ , _____ _____ najstarsza czynna kopalnia [3] na _____ świat [4]. Kopalnia rozciąga się na 9 _____ poziomy [5], ma 2040 _____ komory [6] i 360 km _____ korytarze [7], które tworzą tajemniczy labirynt.

3

Obóz koncentracyjny Auschwitz-Birkenau (1940–1945)

Auschwitz jest _____ _____ _____ _____ największy nazistowski obóz koncentracyjny [1] na _____ teren [2] Polski. Jest świadectwem _____ ludobójstwo [3] dokonanego przez _____ hitlerowcy [4] w czasie _____ _____ druga wojna światowa [5].

4

Białowieski Park Narodowy

Jest on _____ _____ _____ _____ jedyny polski obiekt przyrodniczy [1] na _____ lista [2] UNESCO. Puszcza Białowieska jest _____ _____ _____ _____ ostatni naturalny ekosystem leśny [3] w _____ Europa [4] z _____ _____ i _____ unikatowa fauna i flora [5].

(http://www.poland.gov.pl/Lista,UNESCO,w,Polsce,7519.html)

32. Trenuję z panem Małyszem i z panią Radwańską

deklinacja nazwisk i form pan i pani

Proszę uzupełnić tabelkę brakującymi formami nazwisk.

Mianownik kto? co? (NOM)	pan Małysz	pani Kowalczyk	pan Korzeniowski	pani Radwańska
Dopełniacz kogo? czego? (GEN)	*pana Małysza*	pani Kowalczyk	pana Korzeniowskiego	
Celownik komu? czemu? (DAT)	panu Małyszowi			pani Radwańskiej
Biernik kogo? co? (ACC)	pana Małysza	panią Kowalczyk		
Narzędnik (z) kim? (z) czym? (INSTR)			panem Korzeniowskim	panią Radwańską
Miejscownik (o) kim? (o) czym? (LOC)			panu Korzeniowskim	pani Radwańskiej
Wołacz o! (VOC)	panie Małyszu!	pani Kowalczyk!		

> **Czy wiesz, że...**
>
> Polskie nazwiska są gramatycznie albo rzeczownikami, jeżeli kończą się na spółgłoskę, np.: *Nowak, Wróbel, Krawczyk*, czasami również na *-a*, *-o*, np.: *Moniuszko, Wrona*, albo przymiotnikami, np.: *Kowalski / Kowalska, Siemiradzki / Siemiradzka, Janicki / Janicka* i w związku z tym odmieniają się jak rzeczowniki albo jak przymiotniki.
>
> Nazwiska kobiet będące rzeczownikami zakończonymi na spółgłoskę nie odmieniają się przez przypadki:
> Dzisiaj spotkam się z panią **Nowak**.
> Mam dobrą wiadomość dla pani **Nowak**.

33. Jak myślisz, co powinnam zrobić?

konstrukcja powinien + bezokolicznik

Z podanych słów proszę utworzyć zdania według wzoru.

1. rodzice, powinien, powiedzieć, dziecko, prawda
   Rodzice powinni powiedzieć dziecku prawdę.

2. powinien [ty, fem], iść, do, lekarz
   _____.

3. powinien [ty, masc], zjeść, coś, ciepłe
   _____.

4. powinien [my, masc, ~~fem~~], sprzedać, ten, stary, samochód
   _____.

5. powinien [my, fem], powiedzieć, on, że, nie, mieć, racja
   _____.

6. nie, powinien [ty, masc], jeść, kolacja
   _____.

7. to dziecko, powinien, uprawiać, więcej, sport
   _____.

8. Piotrek, powinien, uważać, co, mówić
   _____.

9. Ola, powinien, pomóc, matka, w, sprzątanie
   _____.

10. nie, powinien [wy, fem], stosować, żadna, dieta
    _____.

11. powinien [wy, masc, fem], być, miły, dla, koleżanki i koledzy
    _____.

12. Renata i Mateusz, powinien, kupić, większe, mieszkanie
    _____.

13. Gabrysia i Marzena, powinien, pójść, do, kino, na, ten, film
    _____.

> **Czy wiesz, że...**
> Czasownik **powinienem / powinnam** nie ma formy bezokolicznika.
> W mowie potocznej używa się często tylko formy czasu teraźniejszego, obojętne, czy ma się na myśli czas teraźniejszy czy przeszły, mimo że istnieje stara forma dla czasu przeszłego:
> **Powinien** do niej zadzwonić na urodziny (teraźniejszość, przyszłość albo przeszłość),
> **Powinien był** zadzwonić do niej na urodziny (przeszłość).

34 Czy znasz filmy Romana Polańskiego?

deklinacja imion i nazwisk

Proszę uzupełnić brakujące formy rzeczowników.

1. Spotkajmy się o piątej pod pomnikiem __Adama__ __Mickiewicza__ Adam Mickiewicz!

2. Czy są najnowsze opowiadania _____ _____ Hanna Krall?

3. Czy znasz piosenki _____ _____ Urszula Dudziak?

4. Znalazłam ciekawy artykuł o _____ _____ Agnieszka Holland i jej filmach.

5. Czytaliście ostatnie wiersze _____ _____ Czesław Miłosz?

6. Oglądałeś jakiś film _____ _____ Krzysztof Kieślowski?

7. Bardzo podobał nam się *Pan Tadeusz* z muzyką _____ _____ Wojciech Kilar.

8. W sobotę byliśmy na koncercie _____ _____ Anna Maria Jopek.

9. W szkole czytaliśmy bajki _____ _____ Ignacy Krasicki.

10. We wczorajszej gazecie jest ciekawa rozmowa z _____ _____ Lech Wałęsa.

11. Nigdy nie słyszeliśmy o operach _____ _____ Stanisław Moniuszko.

12. Czytałam fascynujący artykuł o _____ _____ Gustaw Herling-Grudziński.

13. Rosyjski serial o niezwykłym życiu wspaniałej polskiej piosenkarki, _____ _____ cieszył się w Polsce dużą popularnością. Anna German

14. Nigdy dotąd nie słyszałem o _____ _____ i dopiero niedawno dowiedziałem się, że śpiewa on na wielu prestiżowych scenach operowych całego świata. Mariusz Kwiecień

15. Znasz _____ _____? To świetna wokalistka jazzowa. Koniecznie posłuchaj, jak śpiewa! Ewa Bem

16. Na spotkanie z popularnym piosenkarzem, _____ _____ do Hard Rock Cafe w Krakowie przyszło wczoraj bardzo dużo ludzi. Maciej Maleńczuk

---

! Czy wiesz, że...

W języku polskim spotyka się czasami również nazwiska zakończone na **-a**, np.: *Wałęsa*, *Kmita*, *Dądela* lub **-o**, np.: *Moniuszko*, *Kościuszko*, *Jagiełło*.

Nazwiska te odmieniają się jak rzeczowniki rodzaju żeńskiego:

NOM	pan / pani	Wałęsa
GEN	pana / pani	Wałęsy
DAT	panu / pani	Wałęsie
ACC	pana / panią	Wałęsę
INST	z panem / panią	Wałęsą
LOC	o panu / pani	Wałęsie
VOC	o panie / pani	Wałęso!

35 Co by było, gdyby… (3)

zdania warunkowe

Proszę dopisać początek zdania z „Gdyby…".

1. _____Gdybym miała wolne_____ mieć [ja] wolne , spałabym do 11.00.

2. _____ uprawiać [ty] sport , czułbyś się lepiej.

3. _____ mieć [my] urlop , pojechalibyśmy do Francji.

4. _____ wygrać [ja] w lotto , kupiłabym mieszkanie i samochód.

5. _____ Marta, mieszkać bliżej , spotykałaby się częściej z rodziną.

6. _____ Michał, tylko móc , podróżowałby przez cały czas.

7. _____ mieć [ty] komputer , mogłabyś pracować w domu.

8. _____ mniej pracować [wy] , mielibyście czas na swoje hobby.

9. _____ moi rodzice, nie palić , byliby w lepszej kondycji.

10. _____ jeszcze raz, być [ja], młody , studiowałbym medycynę.

11. _____ dostać [my] bilet , poszlibyśmy na koncert.

12. _____ Sylwia i Monika, lubić teatr , częściej chodziłyby na spektakle.

13. _____ dłużej spać [wy] , nie byłybyście teraz zmęczone.

44 GRAMATYKA 2

36 Co ci jest?

zaimki osobowe w celowniku

Proszę utworzyć formę zaimka w celowniku.

1. Co _ci_ jest? / Nic _mi_ nie jest. Daj _mi_ spokój!

2. Mamo! Tato! Przynieście ____ coś do jedzenia!

3. Pomóc ____?

4. Jak było w kinie? Co mówiły dzieci? Podobało ____ się?

5. Cześć, Jola! Chciałam ___ jeszcze raz podziękować. Dzięki ____ znalazłam pracę.

6. Piotrek, co ____ jest? / Jest ____ niedobrze. Masz chusteczkę?

7. Mój chłopak ma jutro urodziny. Możesz ____ jakoś pomóc? Nie mam pojęcia, co ____ kupić!

8. Droga pani Malinowska, z Kowalskimi to ja nie rozmawiam! Pożyczyliśmy ____ kiedyś pieniądze i nigdy ____ nie oddali ani grosza!

2 GRAMATYKA 45

37 Powiedział, że mnie kocha!

mowa zależna

Proszę przekształcić poniższe zdania w mowie niezależnej na zdania w mowie zależnej.

1. „Boli mnie głowa" – powiedział Filip.
   Filip powiedział, że _boli go głowa_ .

2. „Kto był w piątek na wykładzie?" – zapytał profesor.
   _____, kto _____ .

3. „Czy możesz mi dać jeszcze raz twój nowy numer telefonu?" – spytała mnie Kaśka.
   _____, czy _____ .

4. „Czy przyjdziesz w sobotę na imprezę?" – zapytał mnie.
   _____, czy _____ .

5. „Gdzie teraz mieszkasz?" – pyta Przemek.
   _____, gdzie _____ .

6. „Ile to kosztuje?" – zapytałam.
   _____, ile _____ .

7. „Dlaczego uczycie się polskiego?" – zapytała nauczycielka.
   _____, dlaczego _____ .

8. „Kiedy jest egzamin?" – zapytała Dominika.
   _____, kiedy _____ .

9. „Przyjdę później" – powiedział.
   _____, że _____ .

10. „Czy jutro są zajęcia?" – pytają studentki.
    _____, czy _____ .

11. „Pojedziesz ze mną na wakacje?" – zapytał swoją dziewczynę.
    _____, czy _____ .

12. „Nie wiem, jak tam dojechać" – powiedziała.
    _____, że _____, jak _____ .

GRAMATYKA 2

38 Nikogo nie ma w domu!

deklinacja zaimków *nikt* i *nic*

Proszę wstawić zaimek *nikt* lub *nic* w odpowiedniej formie i połączyć pasujące do siebie części zdania.

f	Dzisiaj __nikt__ nie pracuje,	a	jej chłopak się chyba _____ nie interesuje.
2	Pod żadnym pozorem nie możesz tego _____ zdradzić –	b	i nadal _____ jeszcze nie umiemy!
3	Poza piłką nożną i boksem,	c	bo i tak _____ nie zrozumiesz.
4	Drzwi były otwarte,	d	i szczerze mówiąc, nie wiem, kogo najlepiej o to zapytać.
5	Za tydzień mamy egzamin	e	bo wszyscy przyszli i _____ tym razem nie brakowało.
6	Nie mam ochoty ci tego tłumaczyć,	f	ponieważ jest święto państwowe.
7	Z _____ jeszcze nie rozmawiałam na ten temat,	g	ale to oczywiste, bo znamy się od dziecka.
8	W tej chwili Paweł nie był w stanie myśleć o _____,	h	obiecaj mi, że nie powiesz ani słowa!
9	O _____ nie wiem tak dużo, jak o niej,	i	ani o pracy, ani o urlopie.
10	Profesor był zadowolony,	j	ale w pokoju _____ nie było.

1	2	3	4	5	6	7	8	9	10
f									

39 Takie jedzenie lubię!

deklinacja zaimków *taki, taka, takie* i *tacy*

Proszę wstawić odpowiednie formy zaimków *taki, taka, takie, tacy*.

1. Właśnie __taką__ sukienkę chciałabym mieć na sylwestra – długą do ziemi i z dekoltem!

2. Uspokój się natychmiast i nie mów do mnie _____ tonem!

3. Nie podobają mi się _____ mężczyźni. Wolę typ intelektualisty.

4. Nie jestem pewna, czy stać nas na kupno. _____ duże mieszkanie na pewno jest drogie.

5. Nigdy mi się nie podobał _____ typ urody.

6. Fantastyczny pomysł! O _____ rozwiązaniu jeszcze nie myśleliśmy.

7. Nie możecie teraz wyjechać i mnie z tym zostawić. Nie ma _____ opcji.

8. Podobają ci się _____ buty? Naprawdę?!

9. Nie mamy dzieci i dzięki Bogu nie mamy też _____ problemów.

10. Nie interesuję się _____ rzeczami i, szczerze mówiąc, nie mam na to ani czasu, ani ochoty.

40 To żaden problem!

deklinacja zaimków *żaden, żadna, żadne* i *żadni*

Proszę wybrać odpowiednie formy zaimków *żaden, żadna, żadne, żadni*.

1. Dzisiaj znowu __b__ uczeń nie był przygotowany do testu.
   a. żadni	b. żaden	c. żadne

2. Artur zapisał się na kurs hiszpańskiego, ale nie był jeszcze na ____ lekcji.
   a. żadną	b. żadnej	c. żadnym

3. Niestety, ____ z naszych sekretarek nie zna dobrze rosyjskiego.
   a. żadna	b. żadnej	c. żadną

4. Mój mąż ma jutro urodziny, a ja jeszcze nie kupiłam dla niego ____ prezentu.
   a. żadnej	b. żaden	c. żadnego

5. Zdecydowaliśmy się na to mieszkanie, bo ____ inne nie było tak ładne jak to.
   a. żadni	b. żadnego	c. żadne

6. Często o nim piszą w gazetach. O ____ innym pisarzu nie czytałam tylu artykułów.
   a. żadnym	b. żadnemu	c. żadnego

7. Ich dzieci nie czytają ____ książek, za to cały dzień oglądają telewizję.
   a. żadne	b. żadni	c. żadnych

8. Bartek był samotnikiem i nie spotykał się z ____ znajomymi do momentu, kiedy poznał Edytę.
   a. żadne	b. żadnymi	c. żadni

9. Też nie mam jego numeru telefonu, nie dał go ____ koledze.
   a. żadnemu	b. żadnym	c. żadnego

10. Lepiej zrezygnuj od razu, nie masz ____ szans!
    a. żadnej	b. żadnego	c. żadnych

2 GRAMATYKA

41 Jadę do Monachium

nieodmienne nazwy geograficzne

Proszę wybrać pasujący rzeczownik.

1. Mam znajomych w __b__, ale nigdy tam nie byłem.
   a. Amsterdam   b. Aachen   c. Andaluzja

2. Czy oglądaliście ślub księcia ____?
   a. Monaco   b. Moguncja   c. Moskwa

3. Moja ciocia koniecznie chce pojechać do ____.
   a. Lizbona   b. Lourdes   c. Londyn

4. Nasza znajoma urodziła się w ____.
   a. Bristol   b. Boston   c. Birmingham

5. Słyszałem, że w ____ mieszka dużo Polaków.
   a. Chiny   b. Chorwacja   c. Chicago

6. Bałabym się prowadzić samochód w ____.
   a. New Delhi   b. Nowy Jork   c. Nikaragua

7. Może spędzilibyśmy choć raz urlop na jakiejś wyspie, na przykład na ____?
   a. Hawaje   b. Hvar   c. Haiti

8. Romek wyjechał na jakiś czas do ____, bo ma tam rodzinę.
   a. Dubaj   b. Dubrownik   c. Detroit

9. Podczas urlopu w Hiszpanii poznaliśmy turystów z ____, którzy chcieli zwiedzić całą Europę.
   a. Kolorado   b. Kuba   c. Katalonia

10. W weekend spotykali się ze znajomymi w ____, gdzie zawsze było dużo pubów i dyskotek.
    a. Singapur   b. Sycylia   c. Soho

42 Tabletka dobra na wszystko?

koniugacja czasowników w czasie teraźniejszym

Proszę wstawić prawidłową formę czasownika w czasie teraźniejszym.

Polacy ___biją___ bić [1] rekord! Nigdy nie zażywaliśmy tylu tabletek przeciwbólowych bez recepty co teraz. _____ my kupować [2], _____ my łykać [3], a lekarze _____ ostrzegać [4]: do szpitali _____ trafiać [5] coraz więcej osób z groźnymi powikłaniami po nadużyciu tych leków. _____ my być [6] w światowej czołówce, jeśli _____ chodzić [7] o spożycie leków przeciwbólowych bez recepty.

Reklamy _____ zachęcać [8]: Nie daj się bólowi, musisz być w formie! Zażyj tabletkę – chwila i po problemie (…)

Najlepiej kupować tabletki w aptece. (…) _____ my musieć [9] pamiętać, że pigułka nie _____ usuwać [10] przyczyny bólu, lecz jedynie _____ likwidować [11] jego objawy (…).

(Małgorzata Nawrocka-Wudarczyk, *Aż do bólu*, „Twój Styl" 2011, nr 9)

43 | Chłopak, który czyta, czyli czytający chłopak

imiesłów przymiotnikowy czynny i zdania przydawkowe ze spójnikami *który, która, które, którzy*

Proszę przekształcić zdania ze spójnikami *który, która, które, którzy* na zdania z odpowiednim imiesłowem przymiotnikowym na *-ący, -ąca, -ące*.

1. Patrzyła na ludzi, który spacerowali po parku.
   Patrzyła na ludzi spacerujących po parku.

2. Dziewczyna, która ogląda ze mną film, jest moją dobrą koleżanką.
   _____

3. Mężczyzna, który właśnie rozmawia przez telefon, to szef biura.
   _____

4. Matka kupiła czekoladę dziecku, które płakało.
   _____

5. Ludzie, którzy czekają na pociąg, stoją na peronie.
   _____

6. O dziewczynie, która pracuje w tym biurze, mówią, że zna dobrze kilka języków.
   _____

7. Jedziemy na wakacje z kolegami, którzy lubią chodzić po górach.
   _____

8. Firma potrzebuje pracownika, który bardzo dobrze zna polski.
   _____

9. Bardzo dobrze rozumiem ludzi, którzy zachowują się w ten sposób.
   _____

10. Jest wielu młodych ludzi, którzy szukają pracy.
    _____

11. W czasie podróży lubię obserwować ludzi, którzy jadą w tym samym przedziale.
    _____

44 Jak dbać o kręgosłup w pracy?

przyimki

Proszę zaznaczyć prawidłowy przyimek.

Praca siedząca oznacza minimum osiem godzin dziennie spędzanych (przy) / na [1] biurku. U / Dla [2] kręgosłupa to ciężki wysiłek, który często kończy się przemęczeniem i bólem. Tylko konsekwentne pamiętanie o / dla [3] kilku zasadach pozwoli się do / od [4] tego uwolnić.

(…) Co trzeba zrobić? Po pierwsze, zadbać o / za [5] dobre krzesło. Optymalne powinno mieć regulowaną wysokość oraz boczne podpórki, które są wsparciem z / dla [6] ciała i odciążają kręgosłup. Gdy siedzimy, stopy powinny dotykać podłogi, a plecy być proste. Nie wolno zbytnio pochylać się do / w [7] przodu ani wyciągać głowy przed / nad [8] siebie.

(…) Ważne jest również ustawienie komputera, na / o [9] którym pracujemy. Ekran powinien być wśród / na [10] wysokości oczu, aby nie trzeba było pochylać głowy lub patrzeć w / pod [11] bok. Kiedy piszemy na / obok [12] klawiaturze, powinniśmy mieć miejsce naprzeciw / na [13] oparcie rąk. Łokcie nie mogą „wisieć" nad / w [14] powietrzu. (…)

Dobrym pomysłem jest zrobienie sobie przerwy za / podczas [15] pracy. Krótka, nawet dwuminutowa przerwa może dać niespodziewanie dobre efekty. O / W [16] tym czasie warto wstać od / z [17] biurka i zrobić kilka prostych ćwiczeń. (…)

Najlepszym lekiem przeciw / na [18] bolące plecy jest basen. Jednak jeśli nie mamy wystarczająco dużo czasu lub siły, postarajmy się znaleźć choć chwilę na / dla [19] aerobik lub krótki spacer. Nie spędzajmy całego wolnego czasu za / przed [20] telewizorem!

(http://zwierciadlo.pl/2011/zdrowie/zadbaj-o-zdrowie/jak-dbac-o-kregoslup-w-pracy/)

45 Tu się mówi po angielsku!

nieosobowe formy czasownika

A Proszę utworzyć od podanego bezokolicznika jego formę nieosobową z *się* i podpisać odpowiednio rysunki.

1
Tu ___*się nie pali*___
nie, palić .

2
Tu _____
nie, rozmawiać przez telefon.

3
Tu _____
nie, parkować .

4
Tu _____
nie, jeść .

5
Tu _____
nie, telefonować .

6
Tu _____
rozmawiać cicho.

7
Tu _____
skręcać w prawo.

B Proszę wybrać odpowiednią formę: *można / wolno* lub *trzeba* i podpisać odpowiednio rysunki.

1
Tu nie _wolno / można palić_ palić.

2
Tu nie _____ _____ rozmawiać przez telefon.

3
Tu _____ _____ jechać prosto.

4
Tu _____ _____ się zatrzymać.

5
Tu nie _____ _____ telefonować.

6
Tu _____ _____ rozmawiać cicho.

7
Tu nie _____ _____ jeść.

8
Tu _____ _____ skręcić w prawo.

9
Tu nie _____ _____ parkować.

! **Czy wiesz, że...**
Zaimek zwrotny *się* może stać przed czasownikiem, np.: *Tu się mówi po angielsku* albo po czasowniku, np.: *Tu mówi się po angielsku*.

2 GRAMATYKA   55

46 Polska na liście UNESCO (2)

deklinacja rzeczowników i przymiotników w liczbie pojedynczej i mnogiej

Proszę wpisać odpowiednią formę wyróżnionych rzeczowników i przymiotników.

5
Stare Miasto w Warszawie
W roku 1944 w czasie
___*Powstania*___ ___*Warszawskiego*___ Powstanie Warszawskie [1] ponad 85% _____
_____ Stare Miasto [2] niemieccy naziści zamienili w ruiny. Po _____ wojna [3] Polacy w ciągu pięciu lat odbudowali tę _____
_____ najpiękniejsza dzielnica [4] stolicy, m.in. na _____
podstawa [5] obrazów i rysunków
_____ Canaletto [6].

6
Stare Miasto w Zamościu
Miasto zostało założone w XVI wieku na _____
_____
szlak handlowy [1] łączącym
_____ _____
i _____
Europa Zachodnia i Północna [2]
z _____
_____ Morze Czarne [3].
Miasto nazywane jest
„_____ perła [4]
_____" renesans [5].

7

Stare Miasto w Toruniu

Toruń został założony przez
_____ _____
Zakon Krzyżacki ¹ w XIII_____ wiek ².
Jako członek _____ Hanza ³
zdobył liczącą się _____
_____ pozycja handlowa ⁴.
Układ _____ ulice ⁵
nie zmienił się od siedmiuset
_____ lata ⁶.

8

Zamek krzyżacki w Malborku

Zamek został zbudowany na przełomie XIII i XIV wieku i jest
_____
_____ _____
_____
najpotężniejszy gotycki zamek obronny ¹
w _____ Europa ².
Od 1309 _____ rok ³ zamek
był siedzibą _____
_____ Wielki Mistrz ⁴.
Największy średniowieczny zamek ceglany został odrestaurowany na
_____ przełom ⁵
XIX i XX _____ wiek ⁶
i po _____ _____
_____
druga wojna światowa ⁷.

9

Sanktuarium w Kalwarii Zebrzydowskiej

Sanktuarium powstało
na _____ początek ¹
XVII _____ wiek ² i stworzone było na wzór _____
_____ droga krzyżowa ³
w _____ Jerozolima ⁴.
Do _____ sanktuarium ⁵
nieustannie przybywają tłumy
_____
pielgrzymi ⁶, zwłaszcza przed
_____ Wielkanoc ⁷ oraz
w _____ sierpień ⁸.

(http://www.poland.gov.pl/Lista,UNESCO,w,Polsce,7519.html)

47 Usługi. Krzyżówka

deklinacja rzeczowników w liczbie pojedynczej

Proszę wpisać do krzyżówki rzeczowniki w odpowiedniej formie.

Poziomo:
4. Potrzebuję nowych okularów, muszę iść do _____optyka_____ optyk.
5. Idź do _____, jeśli chcesz znać przyszłość! wróżka
6. Zepsuł mi się samochód. Muszę jechać do _____ warsztat.
8. Restauracja szuka doświadczonego _____ kelner.
10. Nie mam pralki. Nie wiecie, gdzie tu w pobliżu jest _____ pralnia?
11. Ela ma świetną _____, uszyła jej już kilka sukienek. krawcowa
12. Kto jest autorem tych zdjęć? Nic nie wiem o tym _____ fotograf.
13. Ich syn studiuje prawo, bo chce być _____ adwokat.

Pionowo:
1. Byłam na _____ wysłać paczkę. poczta
2. Zanieś te buty do _____, trzeba je wreszcie naprawić! szewc
3. Mamy problem z kaloryferami. Znasz jakiegoś dobrego _____ hydraulik?
7. Znowu mi nie działa komputer, muszę go oddać do _____ naprawa.
8. Muszę zrobić kopię tych dokumentów. Gdzie jest najbliższy punkt _____ ksero?
9. Gdybym był _____, sam bym naprawił tę lampę! elektryk

4. OPTYKA

48 W domu nie ma nic do jedzenia!

rzeczowniki odczasownikowe

Proszę wstawić odpowiednią formę rzeczownika odczasownikowego.

1. Co do _picia_ (pić)?
2. To wszystko jest do _____ (zrobić) na jutro!
3. W tym sezonie nie mam nic fajnego do _____ (ubrać)!
4. Kup coś dobrego do _____ (jeść)!
5. Ten proszek do _____ (prać) wypierze wszystko!
6. Pożycz mi coś do _____ (pisać)!

7. Nie mam ze sobą nic do _____ czytać !

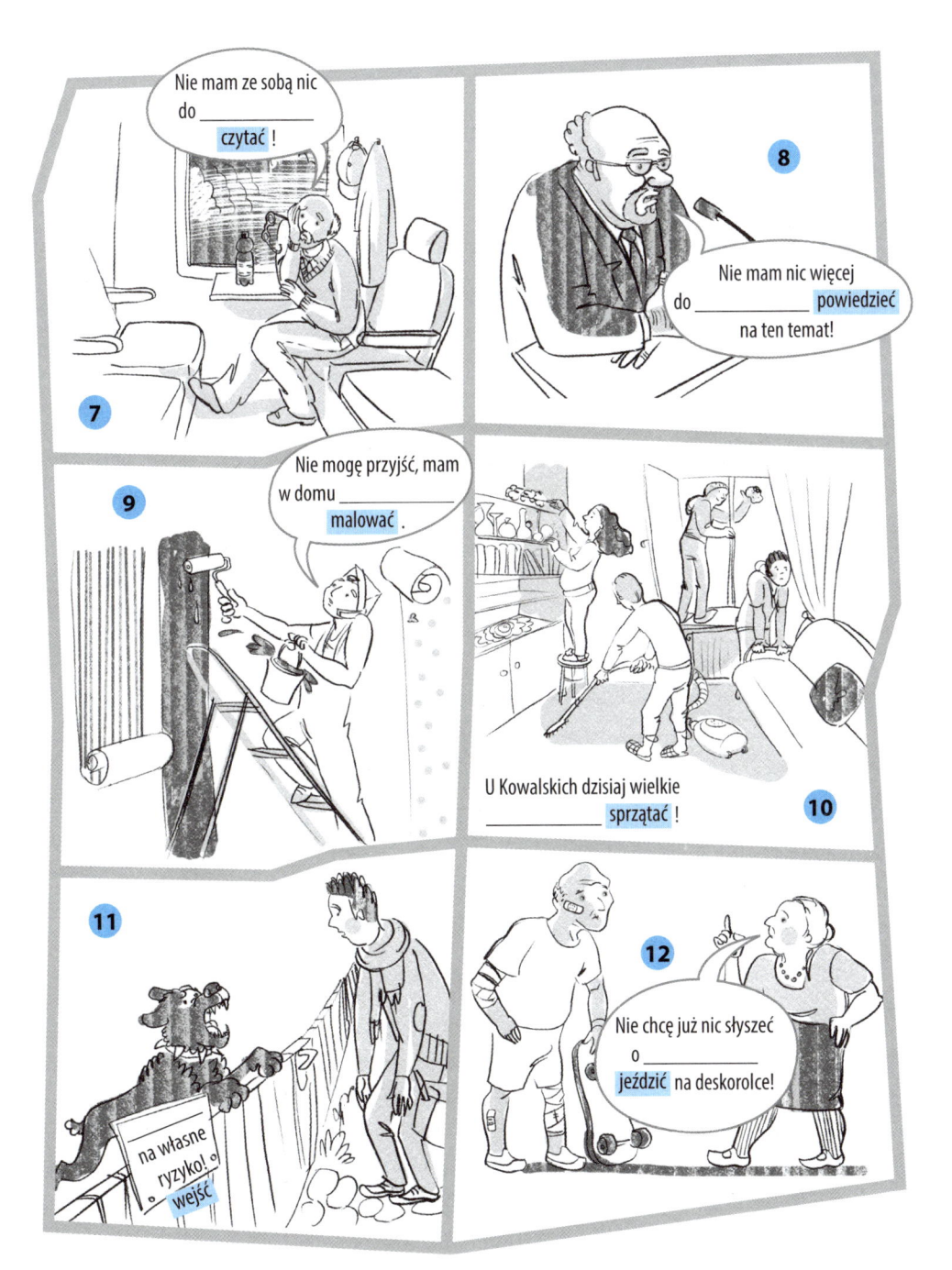

8. Nie mam nic więcej do _____ powiedzieć na ten temat!

9. Nie mogę przyjść, mam w domu _____ malować .

10. U Kowalskich dzisiaj wielkie _____ sprzątać !

11. na własne ryzyko! wejść

12. Nie chcę już nic słyszeć o _____ jeździć na deskorolce!

49 Panie Kazimierzu, gdzie są klucze?

wołacz

Proszę utworzyć formy wołacza.

Pani Celino! Poproszę o kawę.

Szanowny Panie Profesorze, dziękuję za szybką odpowiedź...

...

...

Z poważaniem

Jan Nowakowski

1. _Szanowny Panie Profesorze_ ← szanowny pan profesor !
   Dziękuję za szybką odpowiedź.

2. _____ ← mój kochany Piotr !
   Pamiętaj, proszę, o urodzinach żony!

3. _____ ← kochana Ania !
   Chcę prosić cię o radę.

4. _____ ← panie i panowie !
   Zapraszam do stołu!

5. _____ ← pan Wojtek !
   Drukarka znowu nie działa!

6. _____ ← drodzy koledzy !
   Przypominam o zebraniu w środę.

7. _____ ← kochany Mateusz !
   Co u ciebie słychać?

8. _____ ← szanowna pani profesor !
   Zapraszamy serdecznie na spotkanie!

9. _____ ← moja droga Monika !
   Bardzo się ucieszyłem z twojego listu.

10. _____ szanowni państwo !
Proszę o uwagę!

11. _____ drogie koleżanki !
Dziękuję za pozdrowienia!

12. _____ pani Krysia !
Proszę mi podać numer telefonu do serwisu.

13. _____ skarb !
Na co masz ochotę?

14. _____ kotek !
Co ty opowiadasz?

15. _____ kochanie !
Może pojedziemy na weekend w góry?

Misiaczku! Pamiętaj o moich urodzinach.

Czy wiesz, że...

Wołacza w języku polskim używamy w sytuacji, kiedy kogoś pozdrawiamy, witamy lub wołamy.
Formy wołacza nadają naszej wypowiedzi charakter oficjalny lub bardzo uprzejmy i występują często w języku pisanym, np.: w listach. Formy wołacza pisane są wtedy często dużą literą, np.: **Szanowna Pani Profesor**.
W mowie potocznej wołacz często zastępowany jest mianownikiem, np.: Cześć, **Ewa**!
W języku polskim nie zwracamy się do innych, mówiąc lub pisząc:
Pani Kowalska! / Panie Kowalski! Jest to forma bardzo nieelegancka. Zamiast tego używamy oficjalnych zwrotów **Szanowna Pani! Szanowny Panie!** (bez nazwiska) lub mniej oficjalnych **Pani Aniu! Panie Jacku!** Ten ostatni sposób jest szczególnie rozpowszechniony w kontaktach służbowych i prywatnych, o ile nie są one bardzo oficjalne.

50 Jej córka ma swoją firmę

deklinacja zaimków dzierżawczych
oraz zaimków *swój, swoja, swoje*

A Proszę wpisać prawidłowe formy zaimków dzierżawczych.

1

To jest Iwona, a to __*jej*__ pokój.

Iwona wchodzi do __*swojego*__ pokoju.

2

To jest Paweł, a to _____ biuro.

Paweł siedzi w _____ biurze.

3

To jest nowy kolega, a to _____ płaszcz.

Kolega bierze _____ płaszcz i wychodzi.

4

To są rodzice,
a to _____ dzieci.

Rodzice bawią się
ze _____ dziećmi.

5

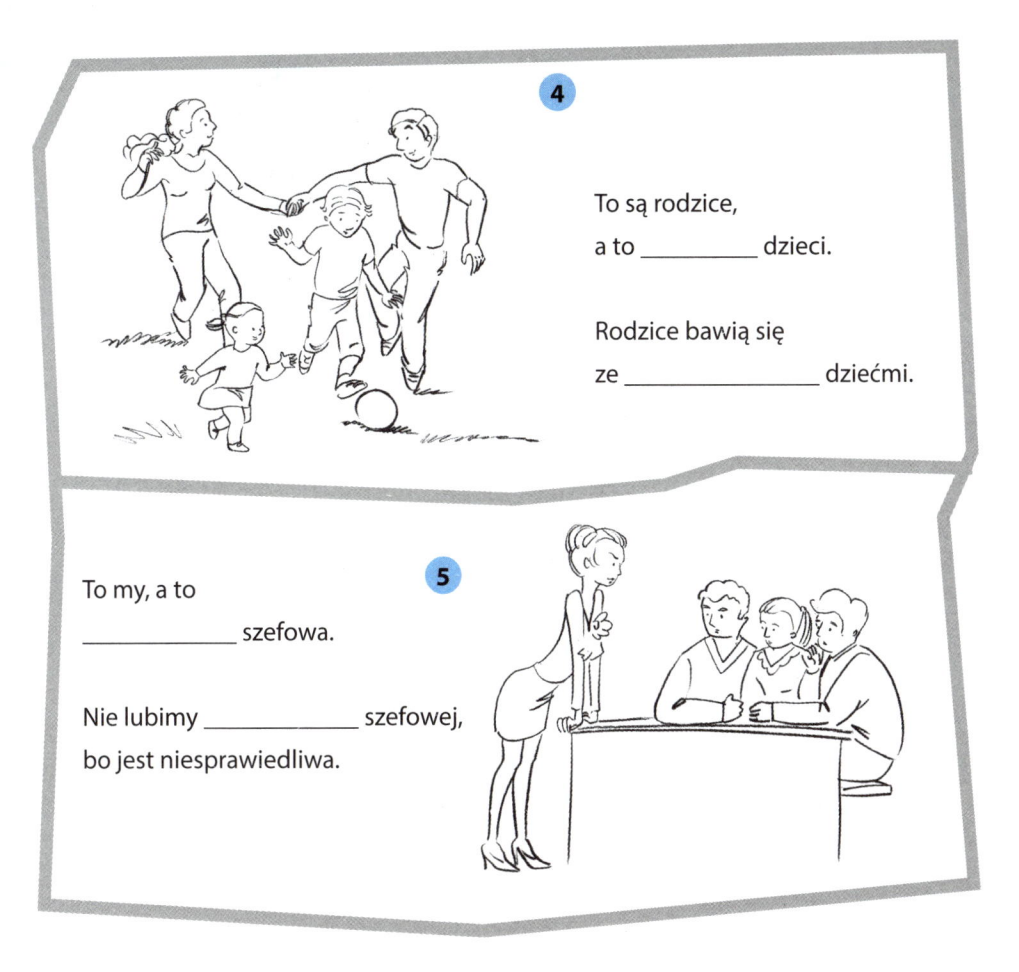

To my, a to
_____ szefowa.

Nie lubimy _____ szefowej,
bo jest niesprawiedliwa.

B Proszę wpisać prawidłowe formy zaimków dzierżawczych.

1. Jaka jest ___*twoja*___ praca? Lubisz ___*swoją*___ pracę? **ty**
2. Dlaczego _____ znajomi nie przyszli na spotkanie? **wy**
3. Anka i Magda często spotykają się ze _____ koleżanką ze studiów. **one**
4. Gdzie są _____ okulary? **ja**
5. Od jak dawna twój mąż ma _____ własną firmę? **on**

! **Czy wiesz, że…**
Zaimków dzierżawczych **swój**, **swoja**, **swoje**, **swoi** w różnych formach deklinacyjnych używamy wtedy, kiedy „posiadacz" rzeczy lub osoby jest również podmiotem w zdaniu:
Ty musisz zabrać **swoje** rzeczy z samochodu.
Natalia poznała **swojego** chłopaka na dyskotece.
Piotrek szuka **swoich** okularów.
Zaimek **swój** odmienia się tak samo jak inne zaimki dzierżawcze: *mój, twój, nasz* i *wasz*.
Zaimek **swój** nigdy nie stoi na początku zdania i nie ma formy mianownika.

51 Będę koło drugiej

deklinacja liczebników porządkowych

Proszę wstawić odpowiednią formę liczebnika porządkowego.

1. Między _dziesiątym_ (10) a _dwudziestym_ (20) lipca będziemy na urlopie.
2. Wrócę dziś dość późno; myślę, że dopiero koło _____ _____ (22).
3. Z domu nigdy nie wychodzimy przed _____ (7) rano.
4. Pan inżynier Mamoński jest na urlopie i wróci dopiero po _____ (15) sierpnia.
5. Z tego, co pamiętam, to szef wraca z Niemiec koło _____ (30) października.
6. Proszę skręcić w _____ (3) ulicę w prawo!
7. Moja ciocia mieszka w bloku na _____ (4) piętrze.
8. Jesteśmy w Polsce już po raz _____ (5)!
9. Pociąg do Gdańska odjeżdża z _____ (4) peronu.
10. Nasza córka jest na _____ (2) roku filologii angielskiej.
11. Niestety, na ten film są jeszcze tylko miejsca w _____ (1) rzędzie!
12. Przedstawienie skończyło się dopiero o _____ _____ (23).
13. Ela pracuje codziennie od _____ (9.00) do _____ (17.00).
14. Oczywiście! Ty zawsze musisz grać _____ (1) skrzypce!
15. Było fantastycznie! Czułam się jak w _____ (7) niebie!

52 Czy wszystko zostało zrobione?
strona bierna

Proszę wpisać brakujące słowa w stronie biernej.

	STRONA CZYNNA	STRONA BIERNA
1	Ten obraz namalował Jan Matejko.	Ten obraz ___został___ ___namalowany___ przez ___Jana___ ___Matejkę___.
2	W tym miejscu gmina będzie budować nową szkołę.	W tym miejscu _____ _____ nowa szkoła przez _____.
3	Studenci napisali test w ciągu godziny.	Test _____ _____ przez _____ w ciągu godziny.
4	W Wigilię cała rodzina przygotowuje uroczystą kolację.	Uroczysta kolacja _____ _____ w Wigilię przez _____ _____.
5	Na egzaminie komisja sprawdza znajomość języka.	Na egzaminie znajomość języka _____ _____ przez _____.
6	Mój dentysta bada stan moich zębów dwa razy w roku.	Stan moich zębów _____ dwa razy w roku _____ przez _____ _____.
7	W którym roku Kapuściński napisał tę książkę?	W którym roku ta książka _____ _____ przez _____?
8	UNESCO wpisało Stare Miasto w Krakowie na Listę Światowego Dziedzictwa już dawno temu.	Stare Miasto w Krakowie już dawno temu _____ _____ przez _____ na Listę Światowego Dziedzictwa.
9	Anka zapakowała ładnie wszystkie prezenty.	Wszystkie prezenty _____ ładnie _____ przez _____.
10	Moja sekretarka jutro wyśle ten list.	Ten list _____ jutro _____ przez _____ _____.

> **Czy wiesz, że...**
> Strona bierna występuje częściej w języku pisanym i oficjalnym niż w mówionym.
> Stronę bierną niedokonaną tworzymy za pomocą czasownika **być** w czasie teraźniejszym, przyszłym lub przeszłym i imiesłowów zakończonych na **-ny** lub **-ty** utworzonych od czasowników niedokonanych:
> Nowy dworzec kolejowy **jest / będzie / był budowany** przez polską firmę.
> Nowa kolekcja **jest / będzie / była szyta** przez paryskich krawców.
>
> Stronę bierną dokonaną tworzymy za pomocą czasownika **zostać** w czasie przeszłym lub przyszłym i imiesłowów zakończonych na **-ny** lub **-ty** utworzonych od czasowników dokonanych:
> Nowy dworzec kolejowy **zostanie / został zbudowany** przez polską firmę.
> Nowa kolekcja **zostanie / została uszyta** przez paryskich krawców.

2 GRAMATYKA

53 Pilnuj swojego nosa!

deklinacja zaimków dzierżawczych *swój, swoja, swoje*

Proszę wybrać prawidłową formę zaimków *swój*, *swoja* albo *swoje*.

1. To bardzo elegancki mężczyzna i wcale nie wygląda na __b__ lata! Myślałam, że jest dziesięć lat młodszy!
   a. swojego   b. swoje   c. swoich

2. Wolałabym, żebyś pilnował ____ spraw!
   a. swoich   b. swoje   c. swoją

3. Kinga nigdy nie opowiada o ____ problemach.
   a. swoim   b. swojego   c. swoich

4. Maciek ma obsesję na ____ punkcie. Myśli, że wszyscy tylko o nim rozmawiają.
   a. swoim   b. swojego   c. swój

5. Każdy ma ____ problemy.
   a. swoja   b. swoi   c. swoje

6. Grzesiek poznał ____ przyszłą żonę na studiach.
   a. swoja   b. swojej   c. swoją

7. Zachowaj ____ zdanie na ten temat dla siebie, nie interesuje mnie to!
   a. swoje   b. swoją   c. swoim

8. Nasz szef jest strasznie uparty i zawsze chce postawić na ____.
   a. swojego   b. swoją   c. swoim

9. W całym pokoju był straszny bałagan i nic nie leżało na ____ miejscu.
   a. swojej   b. swoim   c. swój

10. Nie wszystkie dzieci mają ____ pokój.
    a. swój   b. swoje   c. swoja

54 Co będziemy robić w Świnoujściu?

czas przyszły

Proszę uzupełnić zdania odpowiednim czasownikiem w czasie przyszłym.

PLAN WYCIECZKI

- o 7.30 rano __*spotkamy się*__ ᵐʸ spotykać się / spotkać się ¹ na dworcu przed kasami
- o 7.45 _____ ᵐʸ wsiadać / wsiąść ² do pociągu do Świnoujścia
- o 11.30 _____ ᵐʸ przyjeżdżać / przyjechać ³ na miejsce i _____ ᵐʸ iść / pójść ⁴ do hotelu
- o 13.00 _____ ᵐʸ spotykać się / spotkać się ⁵ przed hotelem i _____ ᵐʸ iść / pójść ⁶ coś zjeść
- od 14.30 każdy _____ _____ ᵐʸ mieć ⁷ czas wolny; w czasie wolnym indywidualnie lub grupowo _____ _____ ᵐʸ zwiedzać / zwiedzić ⁸ miasto i _____ _____ ᵐʸ robić / zrobić ⁹ zdjęcia na konkurs fotograficzny o Świnoujściu
- o 19.30 _____ ᵐʸ jeść / zjeść ¹⁰ kolację w hotelu
- o 21.00 _____ ᵐʸ wracać / wrócić ¹¹ pociągiem do Berlina

! Czy wiesz, że...

W języku polskim istnieją różne możliwości wyrażenia przyszłości:
za pomocą konstrukcji *być* w czasie przyszłym + bezokolicznik czasownika niedokonanego, np.:
Jutro **będę robić** zakupy.
lub za pomocą formy formy osobowej czasownika dokonanego, np.:
Jutro **zrobię** zakupy.
Konstrukcja *być* w czasie przyszłym + bezokolicznik czasownika niedokonanego może być zastąpiona konstrukcją *być* w czasie przyszłym + czasownik w 3. osobie l. poj. lub l. mn. czasu przeszłego:
Jutro **będę robił / robiła** zakupy.

55 | Horoskop numerologiczny na wrzesień

czas przyszły

Proszę uzupełnić zdania formami czasownika w czasie przyszłym.

We wrześniu jedynka __*poczuje*__ poczuć w sobie mnóstwo energii, _____ pracować jak szalona i _____ odnosić sukcesy w pracy. W życiu prywatnym _____ wydarzyć się wiele miłych rzeczy.

W tym miesiącu dwójka _____ spędzić wiele godzin za biurkiem. Na szczęście ten etap nie _____ trwać wiecznie, a dwójka doskonale sobie _____ poradzić ze stresem. Gratulujemy!

Trójka _____ postanowić, że się trochę _____ zrelaksować, i _____ zacząć spacerować i obserwować przyrodę. Bardzo jej się to _____ spodobać.

Dobra faza w domu i w pracy _____ spowodować, że we wrześniu czwórka _____ być cały czas w świetnym humorze. _____ skorzystać na tym wszyscy: ona sama, jej rodzina i koledzy w pracy. Tak trzymać!

70 GRAMATYKA 2

Piątka _____ być w tym miesiącu bardziej niekonsekwentna i gadatliwa. Z pomocą _____ przyjść jej osoba, która _____ pomóc jej zrobić porządek w ważnych sprawach.

W tym miesiącu szóstka _____ spotkać kogoś, kogo _____ polubić od pierwszego momentu. Czy _____ być to przyjaźń, czy coś więcej – tego szóstka _____ dowiedzieć się bardzo szybko!

Siódemka _____ mieć w tym miesiącu drobne problemy w pracy i _____ być trochę zestresowana. Dlatego powinna trochę odpocząć. Może _____ zacząć medytować?

Po długim namyśle ósemka wreszcie _____ zdecydować, że chce założyć własną firmę. _____ znaleźć szybko dobrych współpracowników. Powodzenia!

W sprawach sercowych u dziewiątki w tym miesiącu wszystko _____ pójść jak z płatka: na horyzoncie _____ pojawić się dwóch sympatycznych kandydatów do serca i do ręki. Nie _____ być łatwo _____ wybrać jednego!

2 GRAMATYKA 71

56 Urodziny w Himalajach

pluralia tantum; deklinacja rzeczowników i przymiotników w liczbie mnogiej

Proszę wybrać poprawną formę.

1 Bogdan mieszka w ..... .
- ☑ Katowicach
- ☐ Katowic

2 W sobotę są ..... naszego syna.
- ☐ chrzcinami
- ☐ chrzciny

3 Gośka i Rafał przeprowadzili się do ..... .
- ☐ Gliwice
- ☐ Gliwic

4 Co robicie w ..... ?
- ☐ andrzejki
- ☐ andrzejkach

5 Jola kupiła na zimę grube rajstopy i kilka par ..... .
- ☐ ciepłych majtek
- ☐ ciepłe majtki

6 Czy chcielibyście kiedyś pojechać na ..... w Himalaje?
- ☐ wakacjach
- ☐ wakacje

7 Część ludzi w ogóle nie obchodzi ..... .
- ☐ imieniny
- ☐ imienin

8 Ktoś puka do ..... .
- ☐ drzwiami
- ☐ drzwi

9 Podczas ..... byliśmy w Bieszczadach.
- ☐ ferii zimowych
- ☐ ferie zimowe

10 Kiedy są twoje ..... ?
- ☐ urodziny
- ☐ urodzin

11 Od jakiegoś czasu mam lekkie bóle ..... .
- ☐ plecy
- ☐ pleców

12 Potrzebuję ..... .
- ☐ nowe okulary
- ☐ nowych okularów

13 Czy umie pan grać na ..... ?
- ☐ skrzypce
- ☐ skrzypcach

14 Zazwyczaj nie maluję ..... .
- ☐ ust
- ☐ usta

15 Nie mogę znaleźć ..... .
- ☐ nożyczki
- ☐ nożyczek

57 Ta dzisiejsza młodzież!

singularia tantum; deklinacja rzeczowników i przymiotników w liczbie pojedynczej

Proszę wstawić odpowiednią formę podanych rzeczowników i przymiotników.

Droga Redakcjo!

Piszę do Was list, bo nie rozumiem, co się dzieje z tą __dzisiejszą__ __młodzieżą__ dzisiejsza młodzież [1]! Ja mam już 80 lat i cały czas cieszę się _____ _____ dobre zdrowie [2]. A młodzi? Nie traktują starszych z _____ respekt [3], siedzą cały dzień przed komputerem, nie wychodzą na _____ _____ świeże powietrze [4] i ciągle są chorzy! Mnie niczego nie brakuje do _____ szczęście [5]. Dużo spaceruję, zdrowo się odżywiam, jem dużo warzyw, ryb i _____ ryż [6]. A ci młodzi albo grają na komputerze, albo oglądają głupie filmy o _____ miłość [7]. A jak oni się ubierają! Gdzie oni kupują takie _____ _____ niewygodne obuwie [8] i taką _____ _____ brzydka odzież [9]? Naprawdę, nie rozumiem tego dzisiejszego stylu _____ życie [10]!

Z wyrazami _____ szacunek [11]
Roman Niedzisiejszy

58 Nowy rok, nowe plany, nowe życie…

czas przyszły

Proszę podkreślić pasujący czasownik.

Kochany pamiętniku!

nowy rok = nowe plany = nowe życie!

W nowym roku…
- będę iść / chodzić [1] regularnie do fitness clubu!
- będę biegać / biegnąć [2] trzy razy w tygodniu!
- chudnę / schudnę [3] co najmniej 5 kg!
- nie będę jeść / zjeść [4] kolacji i słodyczy!
- rzucam / rzucę [5] wreszcie palenie!
- będę częściej dzwonić / zadzwonić [6] do rodziców i spotykać się / spotkać się [7] z nimi!
- będę cierpliwie odpowiadać / odpowiedzieć [8] na wszystkie pytania mojej koleżanki z pracy i nie będę się denerwować / się zdenerwować [9]!
- robię / zrobię [10] porządek w szafie i na biurku i wyrzucam / wyrzucę [11] wszystkie niepotrzebne papiery i stare ubrania!
- będę się rozwodzić / rozwiodę się [12] z moim obecnym mężem.
- nie wychodzę / nie wyjdę [13] ponownie za mąż!
- będę jechać / pojadę [14] w podróż dookoła świata.
- piszę / napiszę [15] książkę.

59 Ach, ci przystojni mężczyźni w swych szybkich samochodach!

deklinacja przymiotnika i zaimka wskazującego w liczbie mnogiej

Proszę podkreślić odpowiednią formę zaimka i przymiotnika w liczbie mnogiej.

1. Kim są te sympatyczne / <u>ci sympatyczni</u> chłopcy?
2. Czy znacie te miłe / tych miłych dziewczyny?
3. Te mądre / Ci mądrzy ludzie zajęli się moją sprawą.
4. Firma długo szukała te wykwalifikowane / tych wykwalifikowanych pracownic.
5. Czy ci mali / te małe dzieci potrafią już mówić?
6. Te stare / Ci starzy komputery już dawno trzeba było wyrzucić.
7. Bardzo chętnie pojechalibyśmy w tych ciekawych / te ciekawe miejsca, o których opowiadaliście.
8. Te inteligentne / Ci inteligentni studenci dostaną stypendia naukowe.
9. Czy te polskie / tych polskich pisarki są znane w Europie?
10. Mili są te nowe / ci nowi przyjaciele naszego syna!
11. Czyje są ci brudni / te brudne skarpetki w łazience?!
12. Nie kupujmy tych zimowych / te zimowe butów – są za drogie!
13. Ci młodzi / Te młode aktorzy wcale mi się nie podobają.

60 Nowi pracownicy to sympatyczni ludzie

mianownik liczby mnogiej rzeczownika i przymiotnika – formy męskoosobowe

A Proszę utworzyć liczbę mnogą od podanych rzeczowników i przymiotników.

	LICZBA POJEDYNCZA (SG)	LICZBA MNOGA (PL)
1	zdolny student	ZDOLNI STUDENCI
2	nowy kolega	
3	sympatyczny Niemiec	
4	miły gość	
5	znany pisarz	
6	przystojny Amerykanin	
7	starszy syn	
8	wesoły Włoch	
9	elegancki Francuz	
10	ciekawski sąsiad	
11	dobry pracownik	
12	wysoki mężczyzna	
13	najlepszy przyjaciel	
14	stary listonosz	
15	wierny mąż	
16	modny didżej	
17	leniwy uczeń	
18	troskliwy ojciec	
19	nieznajomy pan	
20	chory dziadek	

B Proszę ułożyć zdania z rzeczownikami i przymiotnikami w liczbie mnogiej.

1. Praca z _leniwymi_ _uczniami_ leniwy uczeń jest frustrująca.
2. Firma ciągle poszukuje _____ _____ dobry pracownik.
3. Często chodzimy na wieczory autorskie _____ _____ znany pisarz.
4. _____ _____ miły gość zawsze są chętnie widziani!
5. Nie lubię _____ _____ ciekawski sąsiad.
6. Dobrze rozumiem się z _____ _____ nowy kolega z pracy.
7. Zawsze podobali jej się _____ _____ wysoki mężczyzna.
8. Marta twierdzi, że nie ma _____ _____ wierny mąż, ale to chyba przesada…!
9. Moi dwaj _____ _____ starszy syn wyjechali na studia za granicę.
10. Znamy kilku _____ _____ sympatyczny Niemiec, którzy uczą się polskiego.

Czy wiesz, że…
Końcówka *-owie* w mianowniku liczby mnogiej form męskoosobowych jest końcówką występującą niezależnie od ostatniej spółgłoski w temacie rzeczownika.
Najczęściej występuje ona w rzeczownikach oznaczających:
pokrewieństwo, np.: *ojcowie, synowie, dziadkowie*,
wyższe stanowiska, np.: *inżynierowie, ministrowie, profesorowie*,
oraz niektóre narodowości, np.: *Belgowie, Arabowie*.

61 Mam kaszel i kaszlę

rzeczowniki odczasownikowe (forma krótka)

Proszę utworzyć rzeczowniki odczasownikowe według wzoru.

	BEZOKOLICZNIK	RZECZOWNIK
1	brakować	B R A K biletów ulgowych!
2	dojeżdżać	_____ do tego miejsca trwa długo.
3	eksportować	W tym roku znacznie wzrósł _____.
4	kaszleć	Piotrek ma straszny _____.
5	lecieć	_____ trwa dwie godziny.
6	przyjeżdżać	_____ gości planowany jest na 18.00.
7	remontować	_____ domu trwał całe lato.
8	spacerować	Masz ochotę na _____?
9	tańczyć	Interesuje mnie _____ współczesny.
10	uśmiechać się	_____ bardzo pomaga w kontaktach międzyludzkich.
11	zakazywać	Tu obowiązuje całkowity _____ palenia.
12	odpowiadać	To nie jest _____ na moje pytanie.
13	pomagać	Dziękuję za _____!

62 Myślenia nigdy dość!

rzeczowniki odczasownikowe

Proszę wpisać odpowiednią końcówkę rzeczownika, a następnie użyć go w odpowiedniej formie w zdaniu poniżej.

1. czytać – czyt*anie*
   a. -anie   b. -enie   c. -cie   d. -acja
   – _Czytanie_ książek to moja pasja.

2. przyjść – przyjś___
   a. -anie   b. -enie   c. -cie   d. -acja
   – Ich _____ bardzo mnie ucieszyło.

3. leżeć – leż___
   a. -anie   b. -enie   c. -cie   d. -acja
   – Mam już dość _____ do góry brzuchem!

4. pić – pi___
   a. -anie   b. -enie   c. -cie   d. -acja
   – Zabrania się _____ alkoholu w parku!

5. prezentować – prezent___
   a. -anie   b. -enie   c. -cie   d. -acja
   – Czy może pan przygotować tę _____ na wtorek?

6. biegać – bieg___
   a. -anie   b. -enie   c. -cie   d. -acja
   – Podczas _____ znakomicie się relaksuję.

7. żyć – ży___
   a. -anie   b. -enie   c. -cie   d. -acja
   – Nie interesuję się _____ innych, mam swoje problemy.

8. spać – sp___
   a. -anie   b. -enie   c. -cie   d. -acja
   – _____ do południa to jego specjalność.

9. myśleć – myśl___
   a. -anie   b. -enie   c. -cie   d. -acja
   – _____ ma przyszłość.

10. pisać – pis___
    a. -anie   b. -enie   c. -cie   d. -acja
    – Nigdy nie lubił _____ listów.

63 Polska na liście UNESCO (3)
deklinacja rzeczowników i przymiotników w liczbie pojedynczej i mnogiej

Proszę wpisać odpowiednią formę wyróżnionych rzeczowników i przymiotników.

10
Kościoły Pokoju w Jaworze i Świdnicy
Wojna trzydziestoletnia (1618–1648) zakończyła się na Śląsku ___*klęską*___ klęska [1] protestantów, którym odebrano wszystkie kościoły. Na mocy _____ pokój westfalski [2] pozwolono im wybudować trzy świątynie, z których do dziś ocalały te w Jaworze i w Świdnicy. Zbudowane z _____ drewno [3] i _____ glina [4], bez żadnych _____ wieże [5], zdumiewają bogactwem _____ wnętrza [6].

11
Drewniane kościoły na południu Małopolski
Unikalne kościoły z wieloma dawnymi _____ malowidła [1] i _____ rzeźby [2]. Kościoły te zbudowane są tradycyjną metodą stosowaną w _____ średniowiecze [3] przy budowie _____ kościoły rzymskokatolickie [4].

12

Park Mużakowski
Park jest jednym
z _____
_____
najświetniejsze przykłady [1]
_____
_____
sztuka ogrodowa [2]
w _____ Europa [3].
Rozciąga się po obu
_____ strony [4]
_____
_____ Nysa Łużycka [5],
wzdłuż której przebiega
_____
_____
_____
granica polsko-niemiecka [6]. Założył go
pruski książę Herman von Puckler-
-Muskau w _____ lata [7]
1815–1845. Powierzchnia parku wynosi
ok. 1000 ha, z czego 800 ha znajduje się
w _____ Polska [8].

13

Hala Stulecia we Wrocławiu
Hala została zbudowana
w _____ lata [1]
1911–1913 przez
_____
_____
architekt Max Berg [2] jako
budowla wielofunkcyjna, służąca
_____ rekreacja [3].
Jest konstrukcją przełomową
w _____
_____
historia architektury [4].

(http://www.poland.gov.pl/Lista,UNESCO,w,Polsce,7519.html)

64 Modnie i interesująco

końcówki przysłówka

Proszę utworzyć przysłówki od podanych przymiotników i wpisać je do tabelki.

~~ciągły~~ ~~cichy~~ ~~ciekawy~~ ciemny częsty długi dobry
doskonały drogi duży głośny gorący interesujący
kolorowy krótki ładny łatwy mały mądry modny
mokry nudny późny prosty stały śmiały świetny
szybki tani trudny wczesny zdecydowany zimny zły

-o	-e	-ie
cicho,	*ciągle,*	*ciekawie,*

Czy wiesz, że…

Przysłówki tworzymy od przymiotników najczęściej przy pomocy sufiksów **-e**, **-ie** lub **-o**. Rzadziej możliwe są też inne końcówki, jak **-u**, np.: po polsku.
Nie ma jednoznacznych reguł, jaką końcówkę będzie miał przysłówek, ale jest kilka tendencji w doborze końcówki przysłówka.
Tak na przykład od przymiotników zakończonych na **-ny**, np.: ła**dny**, sympatycz**ny**, pię**kny**, samot**ny**, jedy**ny**, wygod**ny** tworzymy często przysłówki zakończone na **-ie**, np.: ład**nie**, sympatycz**nie**, pięk**nie**, samot**nie**, jedy**nie**, wygod**nie**. Ale są też niestety wyjątki: brudny – brudno, ciemny – ciemno, trudny – trudno, późny – późno.
Podobnie od przymiotników zakończonych na **-ki**, **-gi**, np.: le**kki**, szyb**ki**, dro**gi**, cię**żki**, krót**ki**, dłu**gi** tworzymy często przysłówki zakończone na **-o**, np.: lek**ko**, szyb**ko**, dro**go**, cięż**ko**, krót**ko**, dłu**go**.

82 GRAMATYKA 2

65 Z kim i o czym rozmawiałeś tak długo przez telefon?
rekcja czasownika

Proszę uzupełnić brakujące przyimki i wpisać podane słowa w odpowiedniej formie.

1. Zgubiliśmy się! Trzeba zapytać kogoś __o__ __drogę__! droga
2. Przepraszam ____ ____ – zaspałam, bo nie słyszałam budzika. spóźnienie
3. Wiesz, że chętnie ci pomogę i że zawsze możesz ____ ____ liczyć! ja
4. Może umówimy się kiedyś wieczorem ____ ____? Masz czas? piwo
5. Panie dyrektorze, chciałbym ____ ____ pan porozmawiać ____ ____. podwyżka
6. Nie możesz czekać ____ ____, musisz sam coś zmienić. cud
7. Poznaliśmy się ____ ____ w Egipcie i sporo razem zwiedziliśmy. urlop
8. Jest dopiero poniedziałek, a ja już teraz myślę ____ ____! weekend
9. Eliza ciągle plotkuje ____ ____, to strasznie denerwujące. znajomi
10. Czy to prawda, że Julita po raz trzeci wyszła ____ ____? mąż
11. W Azji nie mogliśmy się przyzwyczaić ____ ____ i byliśmy cały czas zmęczeni. klimat
12. On jest samotnikiem i myślę, że się nigdy ____ ____ nie ożeni. nikt
13. Przepraszam, czy wie pan, jak dojechać ____ ____? centrum
14. Nie śmiej się ____ ____! To nieładnie! koleżanka

66 Sprzęty domowe. Krzyżówka

deklinacja rzeczowników w liczbie pojedynczej

Proszę rozwiązać krzyżówkę używając słów z ramki w odpowiedniej formie.

Poziomo:

3. Mamy dość ręcznego zmywania. Musimy koniecznie kupić ___zmywarkę___ !
6. Nie mogę znaleźć _____ do konserw.
8. Zagotuj trochę wody w _____ !
12. Macie _____ na gaz czy prąd?
13. Gdzie jest _____ ? Nie mogę otworzyć wina.
15. Zrób tosty w _____ !

Pionowo:

1. To mięso należy piec w folii w _____ .
2. W _____ nie ma już nic do jedzenia.
4. Nie podawaj dzieciom jedzenia z _____ , bo jest niezdrowe.
5. Nigdy nie suszę włosów _____ .
7. Potrzebuję nowego _____ do gotowania.
9. Kawę mielimy sami w starym _____ do kawy.
10. Bardzo lubię sok z marchwi, ale rzadko używam _____ .
11. Możesz pokroić cebulę? Weź _____ !
14. Twoje skarpetki leżą w _____ na bieliznę.

czajnik   deska   garnek   korkociąg   kosz
kuchenka   lodówka   mikrofalówka   młynek
otwieracz   piekarnik   sokowirówka
suszarka   toster   ~~zmywarka~~

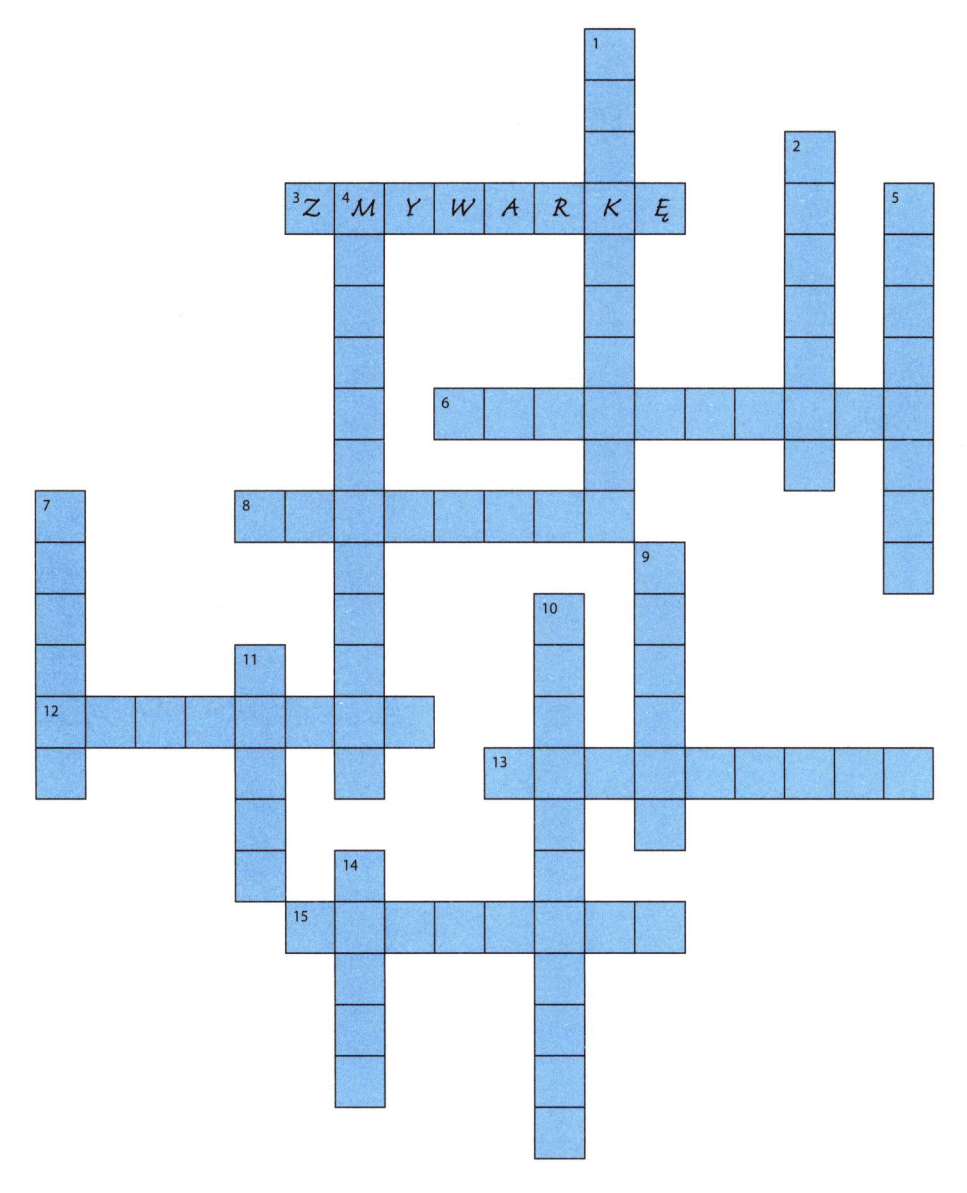

3. ZMYWARKĘ

67 Komu? Czemu?

celownik liczby pojedynczej i mnogiej

Proszę podkreślić formy celownika.

1. Pożyczyłem książkę <u>mojej siostrze</u> / moją siostrą.
2. Daję pieniądze moim koledze / <u>mojemu koledze</u>.
3. Pomogliśmy naszej koleżanki / <u>naszej koleżance</u>.
4. Profesor udziela informacji miłymi studentami / <u>miłym studentom</u>.
5. Przekazałam twoje pozdrowienia <u>sympatycznemu Maćkowi</u> / sympatycznym Maćkiem z biura obok.
6. Kupiliśmy kwiaty <u>cioci Ewie</u> / ciocią Ewą.
7. Lubię przyglądać się egzotycznymi zwierzętami / <u>egzotycznym zwierzętom</u>.
8. Należy pomagać biednych ludzi / <u>biednym ludziom</u>.
9. Bardzo się dziwię waszym szefem / <u>waszemu szefowi</u>, że nie reaguje w tej sytuacji.
10. Ludzie protestują przeciwko <u>elektrowni atomowej</u> / elektrownią atomową.
11. Daj wreszcie spokój tym dzieckiem / <u>temu dziecku</u>!
12. Anonimowy sponsor przekazał <u>naszemu muzeum</u> / naszych muzeów dużą sumę pieniędzy.
13. Z okazji świąt profesor życzył swoich studentów / <u>swoim studentom</u> wszystkiego dobrego.
14. Siedział na ławce w parku i przyglądał się <u>spacerującym ludziom</u> / spacerującymi ludźmi.
15. Nauczycielka powiedziała naszych rodziców / <u>naszym rodzicom</u>, że cały tydzień nie było nas w szkole.

68 Pół, połowa, półtora, półtorej

określenia ilości *pół, połowa, półtora, półtorej*

Proszę przekształcić zdania i wstawić odpowiednią formę gramatyczną określeń *pół*, *połowa*, *półtora* albo *półtorej*.

1. Gdzie byłeś przez 12 godzin?
   Gdzie byłeś przez ___*pół*___ dnia?
2. Czy słyszałeś o tym, że Mariusz wyjeżdża na 45 dni na stypendium do Szwajcarii?
   Czy słyszałeś o tym, że Mariusz wyjeżdża na _____ miesiąca na stypendium do Szwajcarii?
3. 50% uczniów nie przyszło dziś do szkoły.
   _____ uczniów nie przyszła dziś do szkoły.
4. Jechaliśmy tu tylko 25 minut, może 30 minut, ale nie dłużej.
   Jechaliśmy tu tylko 25 minut, może _____ godziny, ale nie dłużej.
5. Byłam w Polsce ponad rok, dokładnie 18 miesięcy.
   Byłam w Polsce ponad rok, dokładnie _____ roku.
6. 50% studentów jedzie na wycieczkę do Zakopanego, a 50% do Warszawy.
   Jedna _____ studentów jedzie na wycieczkę do Zakopanego, druga _____ do Warszawy.
7. Widzieliśmy się jakieś 30 minut temu.
   Widzieliśmy się jakieś _____ godziny temu.
8. Uczę się polskiego dopiero od 6 miesięcy.
   Uczę się polskiego dopiero od _____ roku.
9. Będę za tydzień albo za 10–11 dni.
   Będę za tydzień albo za _____ tygodnia.
10. Nie było cię prawie 90 minut!
    Nie było cię prawie _____ godziny!
11. Była noc i 50% pasażerów w pociągu spało.
    Była noc i _____ pasażerów w pociągu spała.

> **Czy wiesz, że...**
> **Pół** to określenie ilości, a **połowa** to rzeczownik.
> Określenia **półtora** i **półtorej** mają to samo znaczenie.
> **Półtora** wiąże się jednak tylko z rzeczownikami rodzaju męskiego i nijakiego, np.: *półtora dnia, półtora ciastka, półtora roku*, **półtorej** natomiast z rzeczownikami rodzaju żeńskiego, np.: *półtorej godziny, półtorej porcji*.

69 Grasz w pokera?

rekcja czasownika

Proszę wpisać brakujące przyimki, a następnie ułożyć z nimi zdania w czasie teraźniejszym.

1. marzyć ^my, _o_ , urlop
   Marzymy o urlopie .

2. musieć ^ja, trochę, odpocząć, ___ , praca
   _____ .

3. mój brat, starać się, ___ , nowa praca
   _____ .

4. czy, ty, grać, ___ , lotto
   _____ ?

5. powinien, pani, zastanowić się, ___ , ta propozycja
   _____ !

6. kto, należeć, ___ , ten plecak
   _____ ?

7. nie śmiać się ^wy, ___ , on
   _____ !

8. czy, móc, pan, odpowiedzieć, ___ , moje pytanie
   _____ ?

9. kto, chcieć, umówić się ^wy, ___
   _____ ?

10. ile, osoba, uczestniczyć, ___ , kurs polskiego
    _____ ?

11. co, zastanawiać się ^ty, ___
    _____ ?

12. to, nie, zależeć, ___ , ja
    _____ .

70 Prosiłem, żebyś nie pracowała tak długo

zdania podrzędnie złożone

Proszę dopasować do siebie części zdań.

1	Koleżanka prosiła,	a	żebyście kupili chleb.
2	Mamy nowych sąsiadów i bardzo nas interesuje,	b	kogo zaprosiłeś na urodziny?
3	Rozmawiali cicho i niestety nie słyszałem,	c	dlaczego nie poszedłeś na ten egzamin!
4	Tak dużo się uczyłeś! Nie rozumiem,	d	mimo że był chory i źle się czuł.
5	Przepraszam, czy może mi pani powiedzieć,	e	żebym jej przysłała kartkę z wakacji.
6	Czy możesz mi powiedzieć,	f	kim oni są.
7	Weź parasol,	g	dlatego że muszę wstawać o piątej rano.
8	Kupiliście bułki, a ja prosiłam,	h	jeśli dobrze zda maturę.
9	Chcę pojechać do Polski,	i	kiedy była na nartach w Alpach.
10	Poszedł do pracy,	j	o czym mówili.
11	Chodzę wcześnie spać,	k	bo mówili, że będzie padać deszcz!
12	Rodzice obiecali mu motocykl,	l	jak dojść stąd do dworca?
13	Wstał z łóżka,	ł	w którą stronę pójść.
14	Moja siostra złamała nogę,	m	jak tylko zadzwonił budzik.
15	Zgubiłam się. Nie wiem,	n	ponieważ uczę się polskiego.

1	2	3	4	5	6	7	8	9	10	11	12	13	14	15
e														

Słowniczek

abbr – abbreviation
adj – adjective
adv – adverb
conj – conjunction
imp – imperfective
fem – feminine
masc – masculine
neut – neuter
num – number
part – participle
particle – particle
perf – perfective
pl – plural
pron – pronoun
GEN – genitive
DAT – dative
ACC – accusative
INST – instrumental
LOC – locative
VOC – vocative

JĘZYK POLSKI		ENGLISH	DEUTSCH
A			
a	conj	and	und
aby	conj	to, in order to	damit
adwokat	masc	barrister (BRIT), attorney (US)	Anwalt
akademik	masc	dormitory	Studentenwohnheim
akcent	masc	stress	Betonung
akcentować	imp	to stress	akzentuieren, betonen
akcja	fem	action	Aktion, Handlung
aktor	masc	actor	Schauspieler
akurat	adv	just	gerade
albo	conj	or	oder
ale	conj	but	aber
alkohol	masc	alcohol	Alkohol
Alpy	pl	(the) Alps	Alpen
ambitny, -a, -e	adj	ambitious	ambitioniert, ehrgeizig
Amerykanin	masc	American man	Amerikaner
andrzejki	pl	St. Andrew's Eve party (on the night of the 29th through 30th of November)	Andreasabend (die Nacht zum 30. November)
angielski, -a, -ie	adj	English	englisch
ani raz	–	not (even) once	kein einziges Mal
ani…ani	conj	neither… nor	weder…noch
anonimowy, -a, -e	adj	anonymous	anonym
apartament	masc	flat (BRIT), apartment (US)	Appartement
apteka	fem	pharmacy	Apotheke
Arab	masc	Arab	Araber
architekt	masc	architect	Architekt
architektura	fem	architecture	Architektur
arogancki, -a, -ie	adj	arrogant	arrogant
artykuł	masc	article	Artikel
aspekt	masc	aspect	Aspekt
aspekt dokonany	masc	perfective aspect	perfektiver Aspekt
aspekt niedokonany	masc	imperfective aspect	imperfektiver Aspekt
aspektowy, -a, -e	adj	aspectual	Aspekt-
atrakcyjny, -a, -e	adj	attractive	attraktiv
autobus	masc	bus	Bus
automatycznie	adv	automatically	automatisch
autorski, -a, -ie	adj	author's	Autoren-
aż	conj	until	bis
Azja	fem	Asia	Asien
B			
babcia	fem	grandma	Oma
babka (na dwoje babka wróżyła)	fem	it could go one way or the other	das steht noch in den Sternen
bać się	imp	to be scared, to be afraid of sth	Angst haben
badać	imp	to examine	untersuchen
bagaż	masc	luggage (BRIT), baggage (US)	Gepäck

bajka	fem	fairy tale	Märchen
bałagan	masc	mess	Chaos, Unordnung
Bałtyk	masc	the Baltic Sea	Ostsee
bar	masc	bar	Bar
bar mleczny	masc	milk bar	Milchbar
bardziej	adv	more	mehr
bardzo	adv	very	sehr
basen	masc	swimming pool	Schwimmbad
bateria	fem	battery	Batterie
bawić się	imp	1. to play, 2. to have a good time	1. spielen, 2. feiern
Belg	masc	Belgian	Belgier
bez	prep	without	ohne
bez	masc	lilac	Flieder
bez recepty	–	over the counter	rezeptfrei
bezokolicznik	masc	infinitive	Infinitiv
bezpośredni, -ia, -ie	adj	direct	direkt, unmittelbar
Białowieski Park Narodowy	masc	Białowieski National Park	Bialowieser Nationalpark
bić rekord	imp	to break a record	einen Rekord schlagen
biedny, -a, -e	adj	poor	arm
biegać	imp	to run	laufen
bieganie	neut	running	Laufen
biegnąć	imp	to run	laufen
bielizna	fem	underwear	Unterwäsche
biernik	masc	accusative	Akkusativ
Bieszczady	pl	Bieszczady mountains	Bieszczady Gebirge
bilet	masc	ticket	Fahrkarte, Eintrittskarte
bilet ulgowy	masc	discount ticket	ermäßigte Fahrkarte, Eintrittskarte
biurko	neut	desk	Schreibtisch
biuro	neut	office	Büro
bliżej	adv	closer	näher
blok	masc	a block of flats	Wohnblock
bluzka	fem	blouse	Bluse
bo	conj	because	weil, denn
boczny, -a, -e	adj	side	Seiten-
bogactwo wnętrz	neut	wealthy / splendid interior	prachtvolle Innenausstattung
(w) bok	–	sideways	zur Seite
boks	masc	boxing	Boxen
bolący, -a, -e	part	sore, painful	weh, schmerzhaft
boleć	imp	to hurt	weh tun
Boże Narodzenie	neut	Christmas	Weihnachten
Bóg	masc	God	Gott
ból	masc	pain, ache	Schmerz
brać	imp	to take	nehmen
brak	masc	lack	Mangel, Fehlen
brak mi słów	–	I'm speechless	mir fehlen die Worte
brakować	imp	to be missing, to be lacking	fehlen
brat	masc	brother	Bruder
brudno	adv	dirty	schmutzig
brudny, -a, -e	adj	dirty	schmutzig
brzeg	masc	bank, coast	Ufer
brzuch	masc	belly	Bauch
brzydki, -a, -ie	adj	ugly	hässlich
budowa	fem	building, construction, structure	Bau
budować	imp	to build	bauen
budowla	fem	building	Gebäude
budynek	masc	building	Gebäude
budzik	masc	alarm clock	Wecker

bułka	fem	(bread) roll	Brötchen
but	masc	shoe, boot	Schuh
butelka	fem	bottle	Flasche
C			
całkowity, -a, -e	adj	complete, strict	völlig, Gesamt
cały, -a, -e	adj	whole	ganz
cebula	fem	onion	Zwiebel
ceglany, -a, -e	adj	brick	Ziegel-
celownik	masc	dative	Dativ
cena	fem	price	Preis
centrum	neut	centre	Zentrum
centrum handlowe	neut	shopping centre	Einkaufszentrum
charakter	masc	character	Charakter
chcieć	imp	to want	wollen
chętnie	adv	eagerly	gern
chętny, -a, -e	adj	eager, willing	willig, bereit
Chiny	pl	China	China
chleb	masc	bread	Brot
chłodno	adv	cool	kühl
chłodny, -a, -e	adj	cool	kühl
chłopak	masc	1. boy 2. boyfriend	1. Junge 2. Freund
chłopiec	masc	boy	Junge
choć	conj	although	obwohl
chociaż	conj	although	obwohl
chodzić	imp	to walk, to go	gehen
choinka	fem	Christmas tree	Weihnachtsbaum
choroba	fem	illness, sickness, disease	Krankheit
Chorwacja	fem	Croatia	Kroatien
chory, -a, -e	adj	ill, sick	krank
chrzciny	pl	baptism	Taufe
chudnąć	imp	to lose weight	abnehmen
chusteczka	fem	tissue, handkerchief	(Tempo)Taschentuch
chwila	fem	moment	Moment, Augenblick
chyba	particle	perhaps	wahrscheinlich, wohl
ciało	neut	body	Körper
ciastko	neut	cake	Törtchen, Kuchen
ciąć	imp	to cut	schneiden
ciągle	adv	still, constantly	ständig, immer wieder
ciągły, -a, -e	adj	continuous, constant	ständig
cicho	adv	quietly	still
cichy, -a, -e	adj	quiet	still
ciekawie	adv	interestingly	interessant
ciekawość	fem	curiosity	Neugier(de)
ciekawski, -a, -ie	adj	nosy, inquisitive	neugierig
ciekawy, -a, -e	adj	interesting	interessant
ciemno	adv	dark	dunkel
ciemny, -a, -e	adj	dark	dunkel
ciepło	adv	warm	warm
ciepły, -a, -e	adj	warm	warm
cierpliwie	adv	patiently	geduldig
cieszyć się	imp	to be glad, to enjoy	sich freuen
ciężki, -a, -ie	adj	hard, heavy	schwer
ciężko	adv	hard, badly	schwer
ciocia	fem	aunt	Tante
co	pron	what, which, that	was
codziennie	adv	every day	täglich
coraz	adv	more and more	immer (mehr, besser etc.)
coś	pron	something	etwas

córka	fem	daughter	Tochter
cud	masc	miracle	Wunder
cukier	masc	sugar	Zucker
czajnik	masc	kettle	Wasserkocher, Wasserkessel
czapka	fem	hat	Mütze
czas	masc	time	Zeit
czas przeszły	masc	past tense	Vergangenheit
czas teraźniejszy	masc	present tense	Präsens
czas wolny	masc	free time	Freizeit
czasami	adv	sometimes	manchmal
czasownik	masc	verb	Verb
czasownik dokonany	masc	perfective verb	vollendetes Verb
czasownik modalny	masc	modal verb	Modalverb
czatować	imp	to chat	chatten
Czech	masc	Czech	Tscheche
czego	pron	GEN of „co"	GEN von „co"
czegoś	pron	GEN of „coś"	GEN von „coś"
czekać na	imp	to wait for	warten auf
czekolada	fem	chocolate	Schokolade
czemu	pron	DAT of „co"	DAT von „co"
czemuś	pron	DAT of „coś"	DAT von „coś"
często	adv	often	oft
częsty, -a, -e	adj	often	oft
częściej	adv	more often	öfter, häufiger
część	fem	part	Teil
członek	masc	member	Mitglied
czołówka	fem	the top (in a group), lead, opening credits, headlines	Spitzengruppe, führende Gruppe
czterdziestka	fem	number forty	die Vierzig
czterech	numb	four (used with plural masculine personal nouns)	vier (für männliche Personen)
czternasta	fem	2 p.m.	vierzehn Uhr
czterej	numb	four (used with plural masculine personal nouns)	vier (für männliche Personen)
Czterej pancerni i pies	–	Four soldiers of an armoured division and a dog (classic Polish TV series)	Vier Panzersoldaten und Hund (eine polnische Kultfernsehserie)
czuć	imp	to feel	fühlen
czuć się	imp	to feel	sich fühlen
czwarta	fem	4 a.m.	vier Uhr
czwarty, -a, -e	numb	fourth	der / die / das vierte
czworo	numb	four (used with a mixed group of people, objects existing only in plural, children and young animals)	vier (für gemischte Gruppe, pluralia tantum, Kinder, kleine Tiere)
czwórka	numb	1. number four, 2. group of four	die Vier
czy	particle / conj	1. word signalling the start of a question, 2. whether, if, 3. or	1. Signalwort in den Entscheidungsfragen, 2. ob, 3. oder
czyj, -a, -e	pron	whose	wessen
czyli	particle	that is	also, das heißt
czym	pron	INST of „co"	INST von „co"
czymś	pron	INST of „coś"	INST von „coś"
czynny, -a, -e	adj	1. active, 2. open	1. Aktiv-, 2. geöffnet
czytać	imp	to read	lesen
czytanie	neut	reading	Lesen
Ć			
ćwiczenie	neut	exercise	Übung
D			
dać	perf	to give	geben
dać spokój	–	to leave alone	in Ruhe lassen

dalej	adv	further, still	weiter
daleki, -a, -ie	adj	far, distant	fern, entfernt
daleko	adv	far	weit (weg)
dawno	adv	long ago	lange her
dawny, -a, -e	adj	1. old, 2. former	1. alt, 2. früher
dbać o	imp	to look after	sich kümmern um
decydować się na	imp	to decide on	sich entscheiden für
deklinacja	fem	declension	Deklination
deklinacyjny, -a, -e	adj	declensional	Deklinations-
dekolt	masc	neckline	Ausschnitt
denerwować się	imp	to be nervous, to be annoyed	sich aufregen
denerwujący, -a, -e	adj	annoying	nervenaufreibend
dentysta	masc	dentist	Zahnarzt
deska	fem	(chopping)board	(Schneide)Brett
deskorolka	fem	skateboard	Skateboard
deszcz	masc	rain	Regen
didżej	masc	DJ	DJ
dieta	fem	diet	Diät
dla	prep	for	für
dlaczego	pron	why	warum
dlatego	conj	that's why, therefore	darum, deswegen
dlatego że	conj	because	weil, denn
długi, -a, -ie	adj	long	lang
długo	adv	long	lang(e)
dłużej	adv	longer	länger
do	prep	to, for	zu, nach
do góry brzuchem	–	your belly up (being lazy)	alle viere von sich strecken
do przodu	–	forward, ahead	voran, vorwärts
dobór	masc	choice	Auswahl
dodać	perf	to add	hinzufügen
dodatkowy, -a, -e	adj	additional	zusätzlich
dojazd	masc	arrival	Herankommen
dojechać	perf	to get somewhere, to arrive (by vehicle)	ans Ziel kommen (mit einem Fahrzeug)
dojeżdżać	imp	to get somewhere, to arrive (by vehicle)	ankommen
dojść	perf	to get somewhere, to arrive (on foot)	ankommen (zu Fuß), ans Ziel kommen
dokładnie	adv	exactly, accurately	genau, exakt
dokonany, -a, -e	adj	perfective	perfektiv
dokument	masc	document	Dokument, Papier
dolny, -a, -e	adj	lower	Unter-
dom	masc	house	Haus
domowy, -a, -e	adj	home, domestic, household	Haus-, hausgemacht
dookoła	prep	around	ringsherum
dopasować	perf	to match	anpassen
dopełniacz	masc	genitive	Genitiv
dopełnienie	neut	object	Objekt
dopiero	particle	only	erst
dopisać	perf	to add	hinzufügen
dość	adv	rather	ziemlich
doskonale	adv	perfectly, excellent	ausgezeichnet, vollkommen
doskonały, -a, -e	adj	perfect	ausgezeichnet, vollkommen
dostać	perf	to get, to receive	bekommen, erhalten
doświadczony, -a, -e	adj	experienced	erfahren
dosyć	adv	rather	ziemlich
dotacja	fem	subsidy	Zuwendung
dotąd	pron	before	bisher
dotykać	imp	to touch	anfassen, berühren

dowcip	masc	joke	Witz
dowcipnie	adv	wittily	witzig
dowiadywać się	imp	to inquire	sich erkundigen
dowiedzieć się	perf	to find out, to learn	erfahren
drewniany, -a, -e	adj	wooden	Holz-, hölzern
drewno	neut	wood	Holz
drobny, -a, -e	adj	minor	klein, belanglos
droga	fem	road, way	Weg
droga krzyżowa	fem	Stations of the Cross	Kreuzweg
drogi, -a, -e	adj	1. dear, 2. expensive	1. lieber, 2. teuer
drogo	adv	at a high price, expensive, dearly	teuer
druga	fem	2 a.m.	zwei Uhr
drugi, -a, -ie	numb	second	zweiter, -e, es
drukarka	fem	printer	Drucker
drzwi	pl	door	Tür
dużo	adv	many, a lot	viel
duży, -a, -e	adj	big, large	groß
dwaj	numb	two (used with plural masculine personal nouns)	zwei (über Personalmaskulina)
dwie	numb	two (used with feminine nouns)	zwei (über zwei Feminina)
dwie trzecie	numb	two thirds	zwei Drittel
dwieście	numb	two hundred	zweihundert
dwoje	numb	two (used with a mixed group of people, objects existing only in plural, children and young animals)	zwei (für gemischte Gruppe, pluralia tantum, Kinder, kleine Tiere)
dwóch	numb	two (used with plural masculine personal nouns)	zwei (über Personalmaskulina)
dwójka	fem	1. number two, 2. group of two	die Zwei
dworzec	masc	station	(Bus)Bahnhof
dworzec kolejowy	masc	railway station	Bahnhof
dwu	numb	two (GEN, ACC of „dwaj")	zwei (GEN, ACC von „dwaj")
dwudziesta trzecia	fem	11 p.m.	dreiundzwanzig Uhr
dwudziesta druga	fem	10 p.m.	zweiundzwanzig Uhr
dwudziestka	fem	1. number twenty, 2. group of twenty	die Zwanzig
dwuminutowy, -a, -e	adj	two-minute	zweiminütig
dwunastka	fem	1. number twelve, 2. group of twelve	die Zwölf
dwunasta	fem	noon	zwölf Uhr, zur Mittagszeit
dwunasty, -a, -e	numb	twelfth	der / die / das zwölfte
dyrektor	masc	director (of a company), manager	Direktor(in)
dyskoteka	fem	disco	Disco, Diskothek
dyskusja	fem	discussion	Diskussion
dziać się	imp	to happen	passieren, geschehen
dziadek	masc	grandpa	Opa
dziadkowie	pl	grandparents	Großeltern
działać	imp	to act, to work	handeln, wirken
dzieci	pl	children	Kinder
dzieciństwo	neut	childhood	Kindheit
dziecko	neut	child	Kind
dziedzictwo	neut	heritage	Erbe
dzielnica	fem	district	Bezirk, Stadtteil
dzień	masc	day	Tag
dzień pracy	masc	working day	Arbeitstag
dziennie	adv	daily	täglich
dzierżawczy, -a, -e	adj	possessive	Possessiv-
dziesiąta	fem	10 p.m.	zehn Uhr

dziesiąty, -a, -e	numb	tenth	der / die / das zehnte
dziesięciu	numb	ten (used with plural masculine personal nouns)	zehn (über Personalmaskulina)
dziesiętny, -a, -e	adj	decimal	Dezimal-
dziewczyna	fem	1. girl, 2. girlfriend	1. Mädchen, 2. Freundin
dziewiąta	fem	9 a.m.	neun Uhr
dziewiątka	fem	1. number nine, 2. group of nine	die Neun
dzięki	prep	thanks (to)	dank
dziękować	imp	to thank	danken
dziś	adv	today	heute
dzisiaj	adv	today	heute
dzisiejszy, -a, -e	adj	today, contemporary	heutig
dziwić się	imp	to wonder	sich wundern
dziwny, -a, -e	adj	strange	merkwürdig, seltsam
dzwonić	imp	to call	anrufen
E			
efekt	masc	effect	Ergebnis
Egipt	masc	Egypt	Ägypten
egzamin	masc	exam	Prüfung, Examen
egzotyczny, -a, -e	adj	exotic	exotisch
ekologiczny, -a, -e	adj	ecological	ökologisch, umweltfreundlich
ekosystem	masc	ecosystem	Ökosystem
ekran	masc	screen	Bildschirm
eksportować	imp	to export	exportieren
elegancki, -a, -ie	adj	elegant	elegant
elegancko	adv	elegant, elegantly	elegant
elektrownia atomowa	fem	nuclear power station	Atomkraftwerk
elektryk	masc	electrician	Elektriker
energia	fem	energy	Energie
etat	masc	(permanent) job	Stelle
europejski, -a, -ie	adj	European	europäisch
F			
fajnie	adv	great, cool	super, fein
fajny, -a, -e	adj	great, cool	cool, klasse
fantastycznie	adv	fantastic	fantastisch
fantastyczny, -a, -e	adj	fantastic	toll, super
fascynujący, -a, -e	adj	fascinating	faszinierend
fauna	fem	fauna	Fauna
faza	fem	period, time	Phase
ferie	pl	holiday	Ferien
ferie zimowe	pl	winter holiday	Winterferien
filharmonia	fem	philharmonic	Philharmonie
filologia angielska	fem	English studies	Anglistik
filozoficzny, -a, -e	adj	philosophical	philosophisch
firma	fem	company	Firma
flora	fem	flora	Flora
folia	fem	foil	Folie
forma	fem	form	Form
forma aspektowa czasownika	fem	aspect form of the verb	Aspektform des Verbs
forma dokonana czasownika	fem	perfective form of the verb	perfektive Verbform
forma męskoosobowa	fem	masculine personal form	Personalform
forma supletywna	fem	suppletive form	Suppletivform
fotograf	masc	photographer	Fotograf
fotograficzny, -a, -e	adj	photographic	fotografisch
fragment	masc	fragment	Fragment, Teil
Francja	fem	France	Frankreich
Francuz	masc	Frenchman	Franzose
frustrujący, -a, -e	adj	frustrating	frustrierend

fundacja	fem	foundation, charity	Stiftung
G			
gadać	imp	to chat, to gab	reden, schwatzen
gadatliwy, -a, -e	adj	talkative	geschwätzig
galeria	fem	gallery	Galerie
garaż	masc	garage	Garage
gardło	neut	throat	Hals
garnek	masc	pot, pan	Kochtopf
gaz	masc	gas	Gas
gazeta	fem	newspaper	Zeitung
gdy	conj	when, if	wenn, falls
gdzie	pron	where	wo
geograficzny, -a, -e	adj	geographical	geografisch
glina	fem	clay	Ton
głodny, -a, -e	adj	hungry	hungrig
(na) głos	–	aloud	laut
głośno	adv	loudly	laut
głośny, -a, -e	adj	loud	laut
głowa	fem	head	Kopf
głód	masc	hunger	Hunger
głównie	adv	mainly	hauptsächlich
główny, -a, -e	adj	main, cardinal	Haupt-
głupi, -a, -ie	adj	stupid	dumm
gmina	fem	district, community	Gemeinde
godzina	fem	hour	Stunde
godzinami	–	for hours	stundenlang
gorąco	adv	hot	heiß
gorący, -a, -e	adj	hot	heiß
gorączka	fem	fever	Fieber
gość	masc	guest	Gast
gospodarka	fem	economy	Wirtschaft
gotować	imp	to cook, to boil	kochen
gotowanie	neut	cooking	Kochen
gotowy, -a, -e	adj	ready	fertig
gotycki, -a, -ie	adj	Gothic	gotisch
górny, -a, -e	adj	upper	Ober-
góry	pl	mountains	Berge, Gebirge
grać	imp	to play	spielen
gramatyczny, -a, -e	adj	grammatical	grammatisch
gramatyka	fem	grammar	Grammatik
granica	fem	border	Grenze
gratulować	imp	to congratulate	gratulieren
grosz	masc	grosz (Polish penny)	Groschen
groźny, -a, -e	adj	dangerous	gefährlich, bedrohlich
gruby, -a, -e	adj	fat	dick
grupa	fem	group	Gruppe
grupowo	adv	as a group	Gruppen-
H			
Hala Stulecia	fem	Centennial Hall	Jahrhunderthalle
handlowy, -a, -e	adj	shopping, trade, trading	Handels-
herbata	fem	tea	Tee
Himalaje	pl	Himalayas	Himalaja
historia	fem	history	Geschichte
Hiszpania	fem	Spain	Spanien
hiszpański	adj	Spanish	Spanisch
hitlerowiec	masc	Nazi	Nationalsozialist
horoskop numerologiczny	masc	numerological horoscope	nummerologisches Horoskop
horyzont	masc	horizon	Horizont

humor	masc	1. humour, 2. good mood	1. Humor, 2. gute Laune
hydraulik	masc	plumber	Klempner
I			
i	conj	and	und
ile	pron	how many, how much	wie viel
ilość	fem	amount	Menge
ilustrowany, -a, -e	adj	illustrated	illustriert
imię	neut	name	Vorname
imieniny	pl	name day	Namenstag
imiesłów	masc	participle	Partizip
imiesłów współczesny	masc	present participle / participle I	Partizip Präsens
impreza	fem	event, party	Party, Veranstaltung
inaczej	adv	otherwise	anders
indywidualnie	adv	individually	individuell
informacja	fem	information	Information
inni, inne	pron	others	die anderen
inny, -a, -e	adj	different, other	der / die / das andere
intelektualista	masc	intellectual	Intellektueller
inteligentnie	adv	intelligently	intelligent
inteligentny, -a, -e	adj	intelligent	intelligent
interesować się	imp	to be interested in	sich interessieren für
interesująco	adv	interesting, interestingly	interessant
interesujący, -a, -e	adj	interesting	interessant
intuicja	fem	intuition	Intuition
inżynier	masc	engineer	Ingenieur
iść	imp	to go	gehen
istnieć	imp	to exist	existieren, bestehen
itd. / i tak dalej	abbr	etc. / and so on	usw. / und so weiter
J			
jak	pron	how	wie
jaki, -a, -ie	pron	1. what (what colour do you like), 2. what... like, 3. which, 4. what kind of, 5. how	1. was für ein(e) 2. welcher, -e, -es, 3. wie
jakiś, jakaś, jakieś	pron	some, any	irgendein, -e, -
jako	conj	as	als
jakoś	adv	somehow	irgendwie
jazda na nartach	fem	skiing	Skifahren
jechać	imp	to drive, to go	fahren
jedenasta	fem	11 a.m.	elf Uhr
jedenastka	fem	1. number eleven, 2. group of eleven	die Elf
jedna trzecia	numb	one third	ein Drittel
jednak	conj	but, however	aber, jedoch
jednoznaczny, -a, -e	adj	unambiguous, clear	eindeutig
jedynie	particle	only	nur, lediglich
jedynka	fem	1. number one, 2. F (mark)	1. die Eins, 2. die Sechs (Note)
jedyny, -a, -e	adj	only	der / die / das einzige
jedzenie	neut	food, eating	Essen
jeszcze	adv	still, yet	noch
jeść	imp	to eat	essen
jeśli	conj	if	falls, wenn
jezioro	neut	lake	(der) See
jeżdżenie na nartach	neut	skiing	Skifahren
jeżeli	conj	if	wenn, falls
jeździć	imp	to drive, to go (often)	fahren (häufiger, oft, regelmäßig)
język	masc	1. language, 2. tongue	1. Sprache, 2. Zunge
jutro	adv	tomorrow	morgen
już	adv	already, yet	schon

K

kaloryfer	masc	radiator	Heizkörper
kamienica	fem	tenement house	Bürgerhaus
kanapa	fem	sofa	Sofa
kandydat	masc	candidate	Kandidat
kariera	fem	career	Karriere, Laufbahn
karta	fem	1. card, 2. menu	1. Karte, 2. Speisekarte
kartka	fem	1. sheet of paper, 2. post card	1. (Papier)Blatt, 2. Postkarte
kasa	fem	ticket office	(Fahrkarten)Schalter
kaszel	masc	cough	Husten
kaszleć	imp	to cough	husten
katedra	fem	cathedral	Dom
kawa	fem	coffee	Kaffee
każdy, -a, -e	pron	everybody	jeder, -e, -s
kąpać się	imp	to have a bath	baden
kelner	masc	waiter	Kellner
kiedy	pron	when	wann, wenn
kiedyś	pron	once, sometime	irgendwann
kieliszek	masc	(wine, shot) glass	(Wein-, Schnaps-…)Glas
kilka	numb	a few, a couple	ein paar, einige
kilka razy	–	a few times	ein paar Mal
kilkakrotnie	adv	several times	mehrmals
kilku	numb	a few, several	einige
kim	pron	INST or LOC of „kto"	INST oder LOC von „kto"
kimś	pron	INST or LOC of „ktoś"	INST oder LOC von „ktoś"
kino	neut	cinema (BRIT), movie (US)	Kino
klasa	fem	classroom	Klassenraum
klawiatura	fem	keyboard	Tastatur
klęska	fem	defeat	Niederlage
klient	masc	customer	Kunde
klimat	masc	climate	Klima
klub	masc	club	Club
klucz	masc	key	Schlüssel
kłaść	imp	to put	legen
kłócić się	imp	to quarrel	streiten
kobieta	fem	woman	Frau
kochać	imp	to love	lieben
kochany, -a, -e	adj	dear	lieb
kogo	pron	GEN or ACC of „kto"	GEN or ACC von „kto"
kogoś	pron	GEN or ACC of „ktoś"	GEN or ACC von „ktoś"
kolacja	fem	supper	Abendbrot
kolega	masc	friend	Kollege
kolejka	fem	queue	Warteschlange
kolejność	fem	order	Reihenfolge
kolekcja	fem	collection	Sammlung, Kollektion
koleżanka	fem	friend	Kollegin, Freundin
kolorowo	adv	colourfully, colourful	bunt, farbig
kolorowy, -a, -e	adj	colourful	bunt, farbig
koło	prep	about	gegen
komentarz	masc	comment	Kommentar
komisja	fem	(exam) board	Kommission
komora	fem	chamber	Kammer
kompletnie	adv	completely, totally	völlig, komplett, total
komputer	masc	computer	Computer
komu	pron	DAT of „kto"	wem
komuś	pron	DAT of „ktoś"	jemandem
koncert	masc	concert	Konzert
kondycja	fem	condition	Kondition

konferencja	fem	conference	Konferenz
koniec	masc	end	Ende, Schluss
koniecznie	adv	absolutely, one must …	unbedingt
koniugacja	fem	conjugation	Konjugation
konkurs	masc	competition	Wettbewerb
konsekwentny, -a, -e	adj	consistent	konsequent
konserwa	fem	tinned food, tin	Konserve, Dose
konstrukcja	fem	construction	Konstruktion
konstruktor	masc	designer	Entwicklungsingenieur
kontakt	masc	contact, communication	Kontakt
konto	neut	account	Konto
końcówka	fem	ending	Endung
końcowy, -a, -e	adj	final	End-, Schluss-
kończyć	imp	to end, to finish	beenden
kopalnia	fem	mine	Bergwerk
kopia	fem	copy	Kopie
kopnąć	perf	to kick	treten
korkociąg	masc	corkscrew	Korkenzieher
korytarz	masc	tunnel	Gang, Stollen
korzystać	imp	to benefit	profitieren
kosmetyk	masc	cosmetic	Kosmetikum
kosz	masc	(waste-paper) basket	Korb
kosztować	imp	to cost	kosten
kościół	masc	church	Kirche
kotek	masc	kitten	Kätzchen
kraj	masc	country	Land
krasnoludek	masc	dwarf	Zwerg
krawat	masc	tie	Krawatte
krawcowa	fem	taylor	Schneiderin
kręgosłup	masc	spine	Wirbelsäule
krem nawilżający	masc	moisturizing cream	Feuchtigkeitscreme
kroić	imp	to chop up	schneiden
królewski, -a, -ie	adj	royal	königlich
krótki, -a, -ie	adj	short	kurz
krótko	adv	short, briefly	kurz
krótszy, -a, -e	adj	shorter	kürzer
krzesło	neut	chair	Stuhl
krzyknąć	perf	to shout	schreien
krzyżacki, -a, -ie	adj	(the Order) of the Teutonic Knights	zu dem Deutschen Orden gehörend
krzyżówka	fem	crossword	Kreuzworträtsel
ksero	neut	copy shop	Kopierladen
książę	masc	prince	Fürst, Herzog
książka	fem	book	Buch
księgarnia	fem	bookshop	Buchhandlung
kto	pron	who	wer
ktoś	pron	someone	jemand, irgendjemand
który, -a, -e	pron	which	welcher, -e, -es
kuchenka	fem	cooker	Herd
kultura	fem	culture	Kultur
kulturalny, -a, -e	adj	cultural, cultured	Kultur-, kulturell
kupić	perf	to buy	kaufen
kupiecki, -a, -ie	adj	mercantile	Kaufmanns-
kupno	neut	purchase	Kauf
kupować	imp	to buy	kaufen
kurs	masc	course	Kurs
kurs intensywny	masc	intensive course	Intensivkurs
kwiat	masc	flower	Blume

kwitnąć	imp	to bloom	blühen
L			
labirynt	masc	labyrinth	Labyrinth
lampa	fem	lamp	Lampe
latać	imp	to fly	fliegen
lato	neut	summer	Sommer
lecieć	imp	to fly	fliegen
lecz	conj	but	aber
leczenie	neut	treatment	(Heil)Behandlung
lek	masc	medicine	Medikament
lek przeciwbólowy	masc	painkiller	Schmerzmittel
lekarz	masc	doctor	Arzt
lekcja	fem	lesson	Stunde
lekki, -a, -ie	adj	light	leicht
lekko	adv	lightly, gently	leicht
leniwy, -a, -e	adj	lazy	faul
lepiej	adv	better	besser
leśny, -a, -e	adj	forest	Wald-
letni, -ia, -ie	adj	summer	Sommer-, sommerlich
(w) lewo	adv	(to the) left	(nach) links
leżeć	imp	to lie	liegen
leżenie	neut	lying	Liegen
liczący, -a, -e się	part	leading	der / die / das führende
liczba mnoga	fem	plural	Plural
liczba pojedyncza	fem	singular	Singular
liczebnik	masc	number, numeral	Zahlwort
liczebnik dziesiętny	masc	decimal numeral	Dezimalzahl
liczebnik główny	masc	cardinal number	Grundzahl
liczebnik porządkowy	masc	ordinal number	Ordnungszahl
liczebnik ułamkowy	masc	fractional numeral	Bruchzahl
liczebnik zbiorowy	masc	collective numeral	Sammelzahlwort
liczyć	imp	to count	zählen, rechnen
liczyć na	imp	to count on	zählen auf
likwidować	imp	to eliminate	auflösen
linia	fem	line	Linie
lipiec	masc	July	Juli
list	masc	letter	Brief
lista	fem	list	Liste
Lista Światowego Dziedzictwa	fem	World Heritage List	Weltkulturerbeliste
listonosz	masc	postman	Briefträger
listopad	masc	November	November
lodówka	fem	refrigerator	Kühlschrank
lot	masc	flight	Flug
lotto	neut	lottery	Lotto
lub	conj	or	oder
lubić	imp	to like	mögen, gern haben
ludobójstwo	neut	genocide	Völkermord
ludzie	pl	people	Leute
luksusowy, -a, -e	adj	luxury, luxurious	Luxus-
Ł			
ładnie	adv	nice, nicely	hübsch, schön
ładny, -a, -e	adj	pretty	hübsch, schön
łamać	imp	to break	brechen
łatwo	adv	easy, easily	einfach
łatwy, -a, -e	adj	easy	leicht, einfach
ławka	fem	bench	Bank
łazienka	fem	bathroom	Badezimmer
łączyć	imp	to combine	verbinden

łokieć	masc	elbow	Ellenbogen
łóżko	neut	bed	Bett
łykać	imp	to swallow	schlucken
łyżwy	pl	skates	Schlittschuhe
łza	fem	tear	Träne

M

majtki	pl	underpants, panties	Unterhose
makijaż	masc	make-up	Make-up
mało	adv	little, few	wenig
Małopolska	fem	Little Poland	Kleinpolen
malować	imp	to paint	malen, streichen
malowidło	neut	painting	Gemälde
mały, -a, -e	adj	small	klein
marchew	fem	carrot	Möhre
marzyć	imp	to dream	träumen
maseczka	fem	(face) mask	Gesichtsmaske
matematyka	fem	mathematics	Mathematik
matura	fem	A-levels (BRIT), high school diploma (US)	Abitur
mawiać	imp	to be just to saying	zu sagen pflegen
mądry, -a, -e	adj	wise	klug, weise
mądrze	adv	wisely	klug, weise
mąż	masc	husband	Ehemann
mebel	masc	a piece of furniture	Möbelstück
mecz	masc	game, match	Wettkampf, Spiel
medycyna	fem	medicine	Medizin
medytować	imp	to meditate	meditieren
metoda	fem	method	Methode
metro	neut	underground (GB), subway (US)	U-Bahn
męczyć	imp	to tire out	quälen
męskoosobowy rodzaj	masc	masculine personal	männliche Personalform
mężczyzna	masc	man	Mann
mianownik	masc	nominative	Nominativ
miasto	neut	town, city	Stadt
mieć	imp	to have	haben
mieć na myśli	imp	to mean	meinen
mieć ochotę	imp	to feel like	Lust haben
mieć siłę	imp	to have energy	Kraft haben
mieć rację	imp	to be right	recht haben
miejsce	neut	1. place, space, 2. seat	1. Ort, 2. Sitzplatz
miejscownik	masc	locative	Lokativ
miejski, -a, -ie	adj	city	Stadt-
mielić	imp	to grind	mahlen
miesiąc	masc	month	Monat
mieszkać	imp	to live	wohnen
mieszkanie	neut	flat, apartment	Wohnung
między	prep	between	zwischen
międzyludzki, -a, -ie	adj	interpersonal	zwischenmenschlich
mięso	neut	meat	Fleisch
mikrofalówka	fem	microwave	Mikrowelle
miło	adv	nice	angenehm, nett
miłość	fem	love	Liebe
miły, -a, -e	adj	nice	nett
mimo że	conj	despite the fact that	obwohl
minąć	perf	to go by	vergehen
mineralny, -a, -e	adj	mineral	Mineral-
minister	masc	minister	Minister
minuta	fem	minute	Minute

mistrz	masc	master	Meister
mleczko	neut	cleansing milk	Gesichtsmilch
mleko	neut	milk	Milch
młodo	adv	young	jung
młodszy, -a, -e	adj	younger	jünger
młody, -a, -e	adj	young	jung
młodzi	pl	young (people)	junge Leute
młodzież	fem	youth	Jugend
młynek do kawy	masc	coffee-grinder	Kaffeemühle
mniej	adv	less	weniger
mniejszy, -a, -e	adj	smaller	kleiner
mnóstwo	adv	plenty of	eine Menge (von etw.), sehr viel
(na) mocy	–	under	kraft, aufgrund
modalny, -a, -e	adj	modal	Modal-
modnie	adv	fashionably	modisch
modny, -a, -e	adj	fashionable, hip	modisch, gefragt
mokro	adv	wet	nass
mokry, -a, -e	adj	wet	nass
moment	masc	moment, point	Moment
morfem	masc	morpheme	Morphem
morze	neut	sea	Meer, See (die)
Morze Czarne	neut	Black Sea	das Schwarze Meer
most	masc	bridge	Brücke
motocykl	masc	motorcycle	Motorrad
mowa niezależna	fem	direct speech	direkte Rede
mowa potoczna	fem	colloquial speech	Umgangssprache
mowa zależna	fem	indirect speech, reported speech	indirekte Rede
może	particle	1. can, 2. maybe	vielleicht
możliwość	fem	possibility	Möglichkeit
możliwy, -a, -e	adj	possible	möglich
można	imp	1. you can, 2. may I, 3. to be allowed	man kann, man darf
móc	imp	can, to be able to	können
mówić	imp	to say, to tell	sagen, sprechen
mroźny, -a, -e	adj	frosty	frostig
mrugnąć	perf	to wink	zwinkern
mur miejski	masc	city wall	Stadtmauer
musieć	imp	must, to have to	müssen
muzeum	neut	museum	Museum
muzyka	fem	music	Musik
myć (się)	imp	to wash (oneself)	(sich) waschen
myśleć	imp	to think	denken
N			
na	prep	on	auf
na pewno	adv	for sure	sicher
na piechotę	adv	on foot	zu Fuß
nad morzem	–	at the sea	am Meer
nad morze	–	to the sea	ans Meer
nad ranem	–	at dawn	gegen Morgen
nadal	adv	still	weiter(hin), nach wie vor
nadawać	imp	to give	geben
nadużycie	neut	abuse	Missbrauch
nadzieja	fem	hope	Hoffnung
najbardziej	adv	the most	am meisten
najbliższy, -a, -e	adj	the closest	der / die / das nächste
najcenniejszy, -a, -e	adj	the most valuable	der / die / das wertvollste, kostbarste
najczęściej	adv	the most often	am öftesten

najgorszy, -a, -e	adj	the worst	der / die / das schlechteste
najlepiej	adv	the best	am besten
najlepszy, -a, -e	adj	the best	der / die / das beste
co najmniej	adv	at least	mindestens
najnowszy, -a, -e	adj	the newest	der / die / das neueste
najpierw	adv	first	zuerst
najpiękniejszy, -a, -e	adj	the most beautiful	der / die / das schönste
najpotężniejszy, -a, -e	adj	the most powerful	der / die / das mächtigste, stärkste
najstarszy, -a, -e	adj	the oldest	der / die / das älteste
najświetniejszy, -a, -e	adj	the finest	der / die / das großartigste
największy, -a, -e	adj	the biggest	der / die / das größte
nakładać	imp	to put (on)	auflegen
należeć	imp	to belong	gehören
naładowany, -a, -e	part	charged	geladen
namalować	perf	to paint	aufmalen
namysł	masc	consideration	Überlegung
napisać	perf	to write	schreiben
naprawa	fem	repair	Reparatur
naprawdę	adv	really, seriously	wirklich, tatsächlich
naprawić	perf	to repair	reparieren
naprzeciw	prep	opposite	gegenüber
narodowość	fem	nationality	Nationalität
narodowy, -a, -e	adj	national	National-
na nartach (jeździć)	–	skiing	Skifahren
narzędnik	masc	instrumental	Instrumental
następnie	adv	next, then	dann, danach
następny, -a, -e	adj	next	der / die / das nächste
natomiast	adv	whereas	jedoch, dagegen
naturalny, -a, -e	adj	natural	natürlich
natychmiast	adv	immediately	sofort
nauczyciel	masc	teacher	Lehrer
nauczycielka	fem	teacher	Lehrerin
naukowy, -a, -e	adj	academic	wissenschaftlich
nawet	adv	even	sogar
nawias	masc	bracket	Klammer
nazista	masc	Nazi	Nationalsozialist
nazwa	fem	name	Name
nazwa geograficzna	fem	geographical name	geographische Bezeichnung
nazwisko	neut	surname (BRIT), last name (US)	Nachname
nazywany, -a, -e	part	named	genannt
nerwy	pl	nerves	Nerven
nic	pron	nothing, anything	nichts
niczego	pron	genitive of „nic"	nichts
nie	particle	no, not	nein
niebo	neut	heaven	Himmel
niech	particle	used to form formal imperative	Signalwort in den Imperativsätzen
nieczynny, -a, -e	adj	closed	geschlossen
niedziela	fem	Sunday	Sonntag
niedzisiejszy, -a, -e	adj	old-fashioned	von gestern
niekonsekwentny, -a, -e	adj	inconsistent	inkonsequent
niektóre	pron	some	manche
Niemcy	pl	Germany	Deutschland
niemiecki, -a, -ie	adj	German	deutsch
nieobecność	fem	absence	Abwesenheit
nieodmienny, -a, -e	adj	invariable	indeklinabel
nieokreślony, -a, -e	adj	indefinite	unbestimmt
nieosobowy, -a, -e	adj	impersonal	unpersönlich
niepotrzebnie	adv	unnecessarily	unnötig, überflüssig

niepotrzebny, -a, -e	adj	unnecessary	unnötig, überflüssig
niesamodzielny, -a, -e	adj	dependent	unselbständig
niesamowicie	adv	incredibly	unheimlich, seltsam
niespodziewanie	adv	surprisingly	unerwartet
niespodziewany, -a, -e	adj	unexpected	unerwartet
niesprawiedliwy, -a, -e	adj	unfair	ungerecht
niestety	adv	unfortunately	leider
nieświeży, -a, -e	adj	bad	alt
nieustannie	adv	continually	ununterbrochen
niewygodny, -a, -e	adj	uncomfortable, inconvenient	unbequem
niezadowolony, -a, -e	adj	dissatisfied	unzufrieden
niezależnie	adv	independently	unabhängig
niezauważony, -a, -e	adj	undetected	unbeachtet
nieznajomy, -a, -e	masc	stranger	Unbekannter
niezwykle	adv	extremely	außergewöhnlich, äußerst
nigdy	adv	never	nie
nikim	pron	INST or LOC of „nikt"	INST oder LOC von „nikt"
nikogo	pron	GEN or ACC of „nikt"	GEN oder ACC von „nikt"
nikomu	pron	DAT of „nikt"	DAT von „nikt"
nikt	pron	nobody	niemand, keiner
niż	conj	than	als
noc	fem	night	Nacht
nocny, -a, -e	adj	night	Nacht-
noga	fem	leg	Bein
nos	masc	nose	Nase
notatka	fem	note	Notiz
nowy, -a, -e	adj	new	neu
nożyczki	pl	scissors	Schere
np. / na przykład	abbr	e.g. / for example	z. B. / zum Beispiel
nr / numer	abbr	no. / number	Nr. / Nummer
nudno	adv	boring	langweilig
nudny, -a, -e	adj	boring	langweilig
numer	masc	number	Nummer

O

o	prep	about, at	über, von
obchodzić	imp	1. to celebrate, 2. to go around	1. begehen, 2. herumgehen
obecny, -a, -e	adj	present	anwesend, gegenwärtig
obejrzeć	perf	to watch, to look at	sich anschauen, ansehen
obejść	perf	1. to celebrate, 2. to go around	1. begehen, 2. herumgehen
obiad	masc	lunch	Mittagessen
obie	numb	both (used with feminine nouns)	beide (für feminine Substantive)
obiecać	perf	to promise	versprechen
obiecywać	imp	to promise	versprechen
obiekt	masc	site	Objekt
obiekt przyrodniczy	masc	natural feature / object	Naturobjekt
objaw	masc	symptoms	Symptom, Äußerung
oboje	numb	both (used with a mixed group of people)	beide (für gemischte Gruppe)
obojętne	adv	no matter	egal, gleichgültig
obok	prep	next to	neben
obowiązujący, -a, -e	adj	binding, current	gültig, geltend
obowiązywać	imp	to be in force	gelten
obóz koncentracyjny	masc	concentration camp	Konzentrationslager
obraz	masc	picture	Bild
obronny, -a, -e	adj	fortified	Schutz-
obserwować	imp	to observe	beobachten
obsesja	fem	obsession	Besessenheit, Obsession

obsługa	fem	service	Bedienung
obsługiwać	imp	to serve	bedienen
obu	numb	GEN, DAT, INST or LOC of „oba"	GEN, DAT, INST oder LOC von „oba"
obudzić	perf	to wake	wecken
obuwie	neut	footwear	Schuhwerk
ocaleć	perf	to survive	überleben, überstehen
ocena	fem	assessment, mark (GB), grade (US)	Note
ochota	fem	willingness	Lust
oczy	pl	eyes	Augen
oczyścić	perf	to clean, to clear	reinigen, putzen
oczywiście	adv	of course	selbstverständlich
oczywisty, -a, -e	adj	obvious	selbstverständlich
od	prep	from, since	seit, von, ab
od dawna	–	for a long time	längst, lange
od razu	–	at once	gleich, sofort
odbudować	perf	to rebuild	wiederaufbauen
odchudzać się	imp	to lose weight	eine Diät machen, abspecken
odciążać	imp	to relieve	entlasten
odczasownikowy rzeczownik	masc	verbal noun, gerund	vom Verb abgeleitetes Substantiv, Deverbativum
odczuć	perf	to feel	empfinden, spüren
odczuwać	imp	to feel	empfinden, spüren
oddać	perf	to give back	zurückgeben
odebrać	perf	to take away, to deprive	abnehmen, abholen
odejść	perf	to go away	weggehen
odgadnąć	perf	to guess	lösen, erraten
odjechać	perf	to depart (by vehicle)	abreisen, abfahren
odjeżdżać	imp	to depart (by vehicle)	abreisen, abfahren
odkryć	perf	to discover	entdecken
odkrywać	imp	to discover	entdecken
odmieniać się	imp	to inflect	flektieren
odmieniany, -a, -e	adj	inflected	flektiert
odnieść sukces	perf	to succeed	Erfolg haben
odnosić sukces	imp	to succeed	Erfolg haben
odpocząć	perf	to rest	sich ausruhen, erholen
odpoczywać	imp	to rest	sich ausruhen, erholen
odpowiadać	imp	to respond	antworten
odpowiedni, -a, -e	adj	suitable, appropriate	entsprechend, geeignet
odpowiednio	adv	properly	entsprechend
odpowiedź	fem	answer	Antwort
odpowiedzieć	perf	to respond	antworten
odprężyć się	perf	to relax	relaxen, entspannen
odrestaurowany, -a, -e	adj	renovated	restauriert
odróżniać	imp	to distinguish	unterscheiden
odrzucać	imp	to reject	ablehnen, zurückweisen
odrzucić	perf	to reject	ablehnen, zurückweisen
odzież	fem	clothing	Bekleidung
odżywiać	imp	to feed	ernähren, füttern
odżywiać się	imp	to eat	sich ernähren
oferta pracy	fem	job offer	Stellenangebot
oficjalny, -a, -e	adj	official	offiziell
oglądać	imp	1. to watch TV, 2. to watch	1. fernsehen, 2. sich ansehen, anschauen
ogłoszenie	neut	notice, advertisement	Anzeige
ogrodowy, -a, -y	adj	garden	Garten-
ogród	masc	garden	Garten
ogródek	masc	garden	Garten
ojciec	masc	father	Vater

okazać się	perf	to turn out	sich zeigen, sich herausstellen
okazja	fem	occasion	Anlass
okazywać się	imp	to turn out	sich zeigen, sich herausstellen
okno	neut	window	Fenster
oko	neut	eye	Auge
okolica	fem	area	Umgebung
określenie	neut	expression	Bezeichnung
okulary	pl	glasses	Brille
opalać się	imp	to sunbathe	sich sonnen
oparcie	neut	support	Lehne, Stütze
opcja	fem	option	Option
opera	fem	opera	Oper
operowy, -a, -e	adj	opera	Opern-
opowiadać	imp	to talk, to tell	erzählen
opowiadać o	imp	to talk about	erzählen von
opowiadanie	neut	story	Erzählung
optyk	masc	optician	Optiker
optymalny, -a, -e	adj	optimal	optimal
oraz	conj	and	auch
osiągać	imp	to achieve	erreichen
osiem	numb	eight	acht
osoba	fem	person	Person
ostatni, -a, -ie	adj	the last	der / die / das letzte
ostatnio	adv	recently	neulich
ostrzegać	imp	to warn	warnen
ośmiu	numb	eight (used with plural masculine personal nouns)	acht (über Personalmaskulina)
otwarty, -a, -e	adj	open	offen, geöffnet
otwierać	imp	to open	öffnen
otwieracz	masc	opener	Öffner
otworzyć	perf	to open	öffnen
owoc	masc	fruit	Obststück
owoce	pl	fruits	Obst
oznaczać	imp	to mean	bedeuten
oznaczający, -a, -e	part	meaning	bezeichnend
ożenić się z	perf	to get married to (about a man)	heiraten (über einen Mann)
Ó			
ósemka	fem	1. number eight, 2. group of eight	die Acht
ósma	fem	8 a.m.	acht Uhr
ósmy, a-, e	numb	eighth	der / die / das achte
P			
pachnąć	imp	to smell	duften
paczka	fem	parcel (BRIT), package (US)	Paket, Schachtel, Päckchen
padać (deszcz, śnieg)	imp	to rain, to snow	regnen, schneien
palenie	neut	smoking	Rauchen
palić	imp	to smoke	rauchen
pałac	masc	palace	Palast, Schloss
pamiętać	imp	to remember	nicht vergessen, sich erinnern
pamiętnik	masc	diary, journal	Tagebuch
państwowy, -a, -e	adj	public	National-
papier	masc	paper	Papier
papieros	masc	cigarette	Zigarette
papiery	pl	papers, documents	Papiere, Dokumente
para	fem	pair	Paar
parasol	masc	umbrella	Regenschirm
park	masc	park	Park
parkować	imp	to park	parken

partia	fem	party, part	Partei
partykuła	fem	particle	Partikel
partykuła modalna	fem	modal particle	Modalpartikel
paryski, -a, -ie	adj	Parisian	Pariser
Paryż	masc	Paris	Paris
pasażer	masc	passenger	Passagier
pasażerka	fem	passenger	Passagierin
pasja	fem	passion	Leidenschaft
paski	pl	stripes	Streifenmuster
pasujący do siebie	part	matching each other	zueinanderpassend
pasujący, -a, -e	part	suitable, matching	passend
patrzeć	imp	to look	schauen
patyk	masc	stick	Stock
październik	masc	October	Oktober
pech	masc	bad luck	Pech
perła	fem	pearl	Perle
peron	masc	platform	Bahnsteig
pewien, pewna, pewne	adj	sure	sicher
pewny, -a, -e siebie	adj	self-confident	selbstsicher
pewny, -a, -e	adj	sure, reliable	sicher, überzeugt
piątek	masc	Friday	Freitag
piątka	fem	1. number five, 2. group of five	die Fünf
piąta	fem	5 a.m.	fünf Uhr
piąty, -a, -e	numb	fifth	der / die / das fünfte
picie	neut	drinking	Trinken
pić	imp	to drink	trinken
piec	imp	to bake, to roast	backen
piekarnik	masc	oven	Backofen
pięcioro	numb	five (used with a mixed group of people, objects existing only in plural, children and young animals)	fünf (für gemischte Gruppe, pluralia tantum, Kinder, kleine Tiere)
pięciu	numb	five (used with plural masculine personal nouns)	fünf (über Personalmaskulina)
pięć	numb	five	fünf
pielgrzym	masc	pilgrim	Pilger(in)
pieniądze	pl	money	Geld
pierwsza	fem	1 a.m.	ein Uhr
pierwszy, -a, -e	numb	the first	der / die / das erste
pies	masc	dog	Hund
pięknie	adv	beautifully	schön
piękny, -a, -e	adj	beautiful	schön
piętnaście	numb	fifteen	fünfzehn
piętnastka	fem	1. number fifteen, 2. group of fifteen	die Fünfzehn
piętnasta	fem	3 p.m.	fünfzehn Uhr
piętnasty, -a, -e	adj	fifteenth	der / die / das fünfzehnte
piętro	neut	floor, level	Stockwerk, Geschoss
pigułka	fem	pill	Pille
pilnować	imp	to take care of, to guard	aufpassen
piłka	fem	ball	Ball
piłka nożna	fem	football, soccer	Fußball
pionowo	adv	vertically, down	senkrecht
piosenka	fem	song	Lied
piosenkarka	fem	singer	Sängerin
piosenkarz	masc	singer	Sänger
pisać	imp	to write	schreiben
pisarka	fem	writer	Schriftstellerin
pisarz	masc	writer	Schriftsteller

pismo	neut	writing	Schrift
piwo	neut	beer	Bier
pizzeria	fem	pizzeria	Pizzeria
plan	masc	plan	Plan
planowany, -a, -e	adj	planned	geplant
plaża	fem	beach	Strand
plecak	masc	backpack	Rucksack
plecy	pl	back	Rücken
plotkować	imp	to gossip	klatschen, tratschen
płacić	imp	to pay	zahlen
płakać	imp	to cry	weinen
płaszcz	masc	coat	Mantel
z płatka	–	like clockwork	wie geschmiert
płeć	fem	sex	Geschlecht
płynąć	imp	to swim, to sail	schwimmen
płynny, -a, -e	adj	fluent	fließend
pływać	imp	to swim, to sail	schwimmen
po	prep	after	nach, um … zu… (holen)
po angielsku	–	in English	auf Englisch
po pierwsze	–	firstly	erstens
po południu	–	in the afternoon	am Nachmittag
po prostu	adv	simply	einfach
pobierać się	imp	to get married	heiraten
pobrać się	perf	to get married	heiraten
pochodzenie	neut	origin, background	Herkunft
pochodzić	imp	to come from	herkommen, stammen
pochylać się	imp	to bend	vorlehnen
pociąg	masc	train	Zug
początek	masc	beginning	Anfang
poczekać	perf	to wait	warten
poczta	fem	post office, mail	Post
poczta główna	fem	main post office	Hauptpost
poczuć	perf	to feel	fühlen
poczucie humoru	neut	sense of humour	Sinn für Humor
poczytać	perf	to read	lesen
pod	prep	under	unter
podać	perf	to pass, to give	geben, servieren
podany, -a, -e	part	given	angegeben
podawać	imp	to give	geben
podczas	prep	during	während
podejść	perf	to approach	sich nähern, herangehen
podgrzać	perf	to heat up	aufwärmen
podkreślić	perf	to underline, to stress	unterstreichen
podłoga	fem	floor	Fußboden
podmiot	masc	subject	Subjekt
podobać się	imp	to appeal to sb	gefallen
podobnie	adv	similarly	ähnlich
podobno	adv	apparently	angeblich
podpisać	perf	to sign	unterschreiben
podpórka	fem	support	Stütze
podróż	fem	journey, trip	Reise
podróżować	imp	to travel	reisen
podstawa	fem	basis	Grundlage, Basis
podwyżka	fem	rise	Gehaltserhöhung
podziękować	perf	to thank	sich bedanken
pogoda	fem	weather	Wetter
poinformować	perf	to inform	informieren, mitteilen
pojawiać się	imp	to appear	erscheinen, auftauchen

pojawić się	perf	to appear	erscheinen, auftauchen
pojechać	perf	to go	hinfahren
pojedyncza liczba	fem	singular	Singular
pojęcie	neut	idea	Ahnung
pokazać	perf	to show	zeigen
pokazywać	imp	to show	zeigen
poker	masc	poker	Poker
pokład	masc	deck, layer	Deck
pokój	masc	room	Zimmer
pokój hotelowy	masc	hotel room	Hotelzimmer
pokój westfalski	masc	Peace of Westphalia	der Westfälische Frieden
pokrewieństwo	neut	(blood) relationship	Verwandtschaft
pokroić	perf	to cut, to slice	schneiden
Polacy	pl	Poles, Polish people	die Polen
połączyć	perf	to connect	verbinden
polegać	imp	to rely	sich verlassen
policjant	masc	policeman	Polizist
policzyć	perf	to count	zählen
polityka	fem	politics	Politik
połowa	fem	half	Hälfte
położyć	perf	to put	legen
położyć się	perf	to lie down	sich hinlegen
Polska	fem	Poland	Polen
polski, -a, -ie	adj	Polish	1. polnisch, 2. Polnisch
polubić	perf	to take (a liking) to	gern haben
południe	neut	1. south, 2. noon	1. Süden, 2. Mittag
pomagać	imp	to help	helfen
pomnik	masc	statue	Denkmal
pomoc	fem	help	Hilfe
pomóc	perf	to help	helfen
pomysł	masc	idea	Idee
pomyśleć o	perf	to think about	denken an, überlegen
ponad	prep	over	über
poniedziałek	masc	Monday	Montag
ponieważ	conj	because	weil, da
poniżej	prep	below	1. unter, 2. unten
poniższy, -a, -e	adj	following	unten angeführt
ponownie	adv	again	nochmals, erneut
popatrzeć	perf	to look	schauen
poprawny, -a, -e	adj	correct	fehlerfrei, korrekt
poprosić	perf	to ask	bitten
poprzez	prep	through	durch
popularność	fem	popularity	Beliebtheit
popularny, -a, -e	adj	popular	beliebt
poradzić	perf	to advise	raten, einen Rat geben
poradzić sobie	perf	to manage	zurechtkommen
porcja	fem	portion	Portion
porozmawiać	perf	to talk	sprechen, sich unterhalten
Portugalia	fem	Portugal	Portugal
porządek	masc	order, tidiness	Ordnung
porządkowy, -a, -e	adj	ordinal	Ordnungs-
posiadacz	masc	owner	Besitzer, Inhaber
posłuchać	perf	to listen to	hören
posprzątać	perf	to clean up	putzen, aufräumen
postanawiać	imp	to decide	beschließen
postanowić	perf	to decide	beschließen
postarać się	perf	to try	sich bemühen
postawić	perf	to put, to stand	hinstellen

poświęcać	imp	to devote	widmen
poświęcony, -a, -e	adj	devoted, on	gewidmet
poszukać	perf	to look for, to look up	suchen
poszukiwać	imp	to search	suchen
poszukiwanie	neut	search	Suche
potem	adv	afterwards	dann, danach
potknąć się	perf	to stumble	stolpern
potoczny, -a, -e	adj	colloquial, informal	Umgangs-
potrafić	imp	to be able to	können
potrwać	perf	to last	dauern
potrzebny, -a, -e	adj	necessary	notwendig
potrzebować	imp	to need	brauchen
powiedzieć	perf	to say	sagen
powierzchnia	fem	surface	Fläche
powietrze	neut	air	Luft
powikłanie	neut	complication	Komplikationen
powinien	–	should	sollen
powodować	imp	to cause	verursachen, zur Folge haben
powodzenie	neut	luck	Erfolg, Glück
powód	masc	reason	Grund
powstać	imp	to come into being, to rise	entstehen
Powstanie Warszawskie	neut	Warsaw uprising	der Warschauer Aufstand
powtarzać	imp	to repeat	wiederholen
powtórzyć	perf	to repeat	wiederholen
powyższy, -a, -e	adj	above-mentioned	obig, oben genannt
poza	prep	outside, beyond	außerhalb
pozdrawiać	imp	to greet	begrüßen
pozdrowienia	pl	greetings, regards	Grüße
poziom	masc	level	1. Niveau, 2. Schicht
poziomo	adv	horizontally	waagerecht
poznać	perf	to get to know, to meet, to recognize	kennen lernen
poznać się	perf	to meet	sich kennen lernen
poznawać	imp	to get to know, to meet, to recognize	kennen lernen
poznawać się	imp	to meet	sich kennen lernen
pozór	masc	appearance	[An]schein
pozwalać	imp	to allow	erlauben, gestatten
pozwolić	perf	to allow	erlauben, gestatten
pozycja	fem	item	Position
pożyczać	imp	to lend, to borrow	leihen, borgen
pożyczyć	perf	to lend, to borrow	leihen, borgen
pójść	perf	to go, to walk	hingehen
pół	numb	half	halb
półka	fem	shelf	Regalbrett
północny, -a, -e	adj	north, northern	Nord-, nördlich
półtora	numb	one and a half	eineinhalb, anderthalb
półtorej	numb	one and a half (with feminine nouns)	eineinhalb, anderthalb (mit weiblichen Substantiven)
później	adv	later	später
późno	adv	late	spät
późny, -a, -e	adj	late	spät, Spät-
prać	imp	to wash	Wäsche waschen
praca	fem	work, job	Arbeit
praca domowa	fem	homework, housework	Hausarbeit
pracować	imp	to work	arbeiten
pracowitość	fem	diligence	Fleiß, Arbeitsamkeit
pracowity, -a, -e	adj	diligent, hard-working	fleißig, arbeitsam
pracownica	fem	worker, employee	(Mit)Arbeiterin

pracownik	masc	worker, employee	(Mit)Arbeiter
praktyczny, -a, -e	adj	practical	praktisch
pralka	fem	washing machine	Waschmaschine
pralnia	fem	laundry	Reinigung
pranie	neut	washing	Wäsche
prasować	imp	to iron	bügeln
prawdziwy, -a, -e	adj	real	echt, wahr
prawidłowy, -a, -e	adj	correct, normal	richtig, normal
prawie	particle	almost	fast
prawo	neut	1. law, 2. right	1. Jura, 2. Recht,
prawy, -a, -e	adj	right	der / die / das rechte
prąd	masc	current	Strom
prefiks	masc	prefix	Präfix
prestiżowy, -a, -e	adj	prestigious	Prestige-
prezent	masc	present	Geschenk
prezentacja	fem	presentation	Präsentation
prezentować	imp	to present	präsentieren, darstellen
prezes	masc	president, chairman	Vorsitzende(r)
prezydent	masc	president	Präsident
problem	masc	problem	Problem
procent	masc	per cent	Prozent
produkt	masc	product	Produkt
profesor	masc	professor	Professor(in)
program	masc	programme	Programm
projekt	masc	project	Projekt
proponować	imp	to offer, to suggest	vorschlagen
propozycja	fem	proposal, suggestion	Vorschlag
prosić	imp	to ask	bitten
prosto	adv	1. straight, 2. simple	1. gerade, 2. einfach
prosty, -a, -e	adj	straight	einfach, leicht
proszek	masc	powder	Waschpulver
protestant	masc	Protestant	Protestant
protestować	imp	to protest	protestieren
prowadzić	imp	to lead, to drive, to run	führen
próbować	imp	to try	versuchen
pruski, -a, -ie	adj	Prussian	preußisch
prysznic	masc	shower	Dusche
prywatny, -a, -e	adj	private	privat
przebiegać	imp	to run	verlaufen
przechodzić	imp	to go across, to go through	überqueren
przeciw	prep	against	gegen
przeciwbólowy, -a, -e	adj	painkiller	Schmerz-
przeciwko	prep	against	gegen
przeczenie	neut	negation	Negation
przeczytać	perf	to read	lesen, zu Ende lesen
przed	prep	in front of, before	vor
przedstawienie	neut	show	Aufführung
przedszkole	neut	kindergarten	Kindergarten
przedział	masc	compartment, partition	Abteil
przejść	perf	to go across, to go through	überqueren
przekazać	perf	to give	übergeben
przekształcić	perf	to transform	umformen
przeliczyć	perf	to count	zusammenzählen
przełom	masc	turn	(Jahrhundert)Wende
przełomowy, -a, -e	adj	crucial, groundbreaking	entscheidend
przemęczenie	neut	exhaustion	Überanstrengung
przepraszać	imp	to apologize	sich entschuldigen
przepraszać za	imp	to apologize for	sich entschuldigen für

przeprowadzić się	perf	to move	umziehen
przerwa	fem	break	Pause
przesada (to chyba przesada)	fem	the is taken too far!	das ist doch eine Übertreibung!
przesiadać się	imp	to change	umsteigen
przesiąść się	perf	to change	umsteigen
przeszłość	fem	past	Vergangenheit
przeszły czas	masc	past tense	Vergangenheit
przetłumaczyć	perf	to translate	übersetzen
przetrzeć	perf	to wipe	etw. mit etw. abwischen
przez	prep	through, by, for	über, durch
przeżycia	pl	experience	Erlebnisse
przód	masc	front	Vorderteil
przy	prep	by, at	an
przybywać	imp	to arrive	ankommen
przychodzić	imp	to arrive (on foot)	[an]kommen
przyczyna	fem	reason	Ursache, Grund
przydawkowy	adj	attributive	Attribut
przyglądać się	imp	to observe	betrachten
przygotować	perf	to prepare	vorbereiten
przygotowywać	imp	to prepare	vorbereiten
przyimek	masc	preposition	Präposition
przyjaciel	masc	friend	Freund
przyjazd	masc	arrival	Ankunft
przyjaźń	fem	friendship	Freundschaft
przyjaźnić się	imp	to be friends	mit jdm. befreundet sein
przyjechać	perf	to come (by a vehicle)	ankommen (mit einem Fahrzeug)
przyjemność	fem	pleasure	Vergnügen, Genuss
przyjeżdżać	imp	to come (by a vehicle)	ankommen (mit einem Fahrzeug)
przyjść	perf	to come	kommen
przykład	masc	example	Beispiel
przymiotnik	masc	adjective	Adjektiv
przymiotnikowy, -a, -e	adj	adjective	adjektivisch
przynieść	perf	to bring	(mit)bringen
przynosić	imp	to bring	(mit)bringen
przypadek	masc	case	Fall, Kasus
przypominać	imp	to remind	jdn. an etw. erinnern
przyroda	fem	nature	Natur-
przyrodniczy, -a, -e	adj	nature, natural	Natur-
przyrostek	masc	suffix	Suffix
przysłać	perf	to send	zuschicken
przysłówek	masc	adverb	Adverb
przysłówkowy, -a, -e	adj	adverbial	adverbial
przystanek	masc	stop	Haltestelle
przystojny, -a, -e	adj	handsome	gut aussehend
przyszłość	fem	future	Zukunft
przyszły, -a, -e	adj	future	1. Futur-, 2. zukünftig
przyzwyczaić się	perf	to get used	sich gewöhnen
ptak	masc	bird	Vogel
pukać	imp	to knock	klopfen
punkt ksero	masc	copy centre	Kopierladen
Puszcza Białowieska	fem	Białowieża Forest	Białowieser Heide
pytać	imp	to ask	fragen
pytanie	neut	question	Frage
R			
racja	fem	rightness, argument	Recht
rada	fem	advice, council	Rat[schlag]
rajstopy	pl	tights (GB), pantyhose (US)	Strumpfhose
ramka	fem	box	Box

randka	fem	date	Date, Verabredung
rano	adv	morning	Morgen, morgens
raz	masc	time	Mal
raz	adv	once, at last	(ein)mal
razem	adv	together	zusammen
reagować	imp	to react to sth	reagieren
recepta	fem	prescription	Rezept
redakcja	fem	editing, editorial section	Redaktion
redaktor	masc	editor	Redakteur
regał	masc	bookshelf	Regal
reguła	fem	rule	Regel
regularnie	adv	regularly	regelmäßig
regulowany, -a, -e	adj	regulated	regulierbar, einstellbar
rejestr	masc	register	Register, Verzeichnis
rekcja czasownika	fem	prepositional verb, preposition + verb combination	Rektion des Verbs
reklama	fem	advertisement	Werbung
rekord	masc	record	Rekord
rekreacja	fem	recreation	Erholung
relaksować się	imp	to relax	sich entspannen
remont	masc	renovation	Renovierung
remontować	imp	to do up	renovieren
renesans	masc	the Renaissance	Renaissance
renesansowy, -a, -e	adj	renaissance	Renaissance-
respekt	masc	respect	Respekt
restauracja	fem	restaurant	Restaurant
ręczny, -a, -e	adj	hand	manuell
ręka	fem	hand, arm	Hand, Arm
robić	imp	to do, to make	tun, machen
robota	fem	job, work	Arbeit
robotnik	masc	worker	Arbeiter
rock	masc	rock	Rock
rockowy, -a, -e	adj	rock	Rock-
rodzaj	masc	1. kind, 2. gender	1. Art., Sorte, 2. Genus
rodzaj męski	masc	masculine gender	Masculinum
rodzaj nijaki	masc	neuter gender	Neutrum
rodzaj żeński	masc	feminine gender	Femininum
rodzić	imp	to give birth to	gebären
rodzice	pl	parents	Eltern
rodzina	fem	family	Familie
rodzinny, -a, -e	adj	family	Familien-, Heimat-
rok	masc	year	Jahr
rosnąć	imp	to grow	wachsen
rosyjski, -a, -ie	adj	1. Russian, 2. Russian	1. russisch, 2. Russisch
rower	masc	bicycle	Fahrrad
rozbić	perf	to break	zerschlagen
rozciągać się	imp	to stretch	sich erstrecken, sich ausdehnen
rozejść się	perf	1. to go, 2. to split up	1. auseinander gehen, 2. sich trennen
rozmawiać	imp	to talk, to speak	sprechen, sich unterhalten
rozmowa	fem	conversation	Gespräch
rozpowszechniony, -a, -e	adj	common, popular	weit verbreitet
rozumieć	imp	to understand	verstehen
rozwiązanie	neut	solution	Lösung
rozwieść się	perf	to get divorced	sich scheiden lassen
rozwodzić się	imp	to get divorced	sich scheiden lassen
róg	masc	corner	Ecke
również	particle	also	auch

równy, -a, -e	adj	equal	gleich
różny, -a, -e	adj	1. various, 2. different	1. verschieden, 2. unterschiedlich
ruiny	pl	ruins	Ruinen
ryba	fem	fish	Fisch
rynek	masc	1. market square, 2. market	1. Marktplatz, 2. Markt
rysunek	masc	drawing	Zeichnung
ryzyko	neut	risk	Risiko
ryż	masc	rice	Reis
rzadko	adv	rarely	selten
rzadziej	adv	more rarely	seltener
rząd	masc	1. government, 2. row, line	1. Regierung, 2. Reihe
rzecz	fem	thing	Sache, Gegenstand
rzeczownik	masc	noun	Substantiv
rzeczownik odczasownikowy	masc	verbal noun, gerund	vom Verb abgeleitetes Substantiv, Deverbativum
rzeka	fem	river	Fluss
rzeźba	fem	sculpture	Skulptur
rzucać	imp	to throw	werfen
rzucić	perf	to throw	werfen
rzymskokatolicki, -a, -ie	adj	Roman Catholic	römisch-katholisch
S			
saksofon	masc	saxophone	Saxofon
sam, -a, -o	adj	1. alone, 2. by myself	1. allein, 2. selbst
samochód	masc	car	Wagen
samolot	masc	plane	Flugzeug
samotnie	adv	alone	allein
samotnik	masc	loner	Einzelgänger
samotny, -a, -e	adj	lonely	allein
sanktuarium	neut	sanctuary	Sanktuarium
sąsiad	masc	neighbour	Nachbar
schudnąć	perf	to lose weight	abnehmen
sekretarka	fem	secretary	Sekretärin
serce	neut	heart	Herz
sercowy, -a, -e	adj	love	Herz-
serdecznie	adv	warmly, cordially	freundlich
serdeczny, -a, -e	adj	cordial, friendly	freundlich
serial	masc	TV show	(Fernseh)Serie
serwis	masc	service	Service
setka	fem	1. number hundred, group of hundred, 2. 100 watt light bulb	1. hundert, 2. 100-Watt-Glühbirne
setny, -a, -e	numb	hundredth	der / die / das hundertste
sezon	masc	season	Saison
siadać	imp	to sit down	sich setzen
siebie	pron	oneself	sich, einander
siedemnasta	fem	5 p.m.	siebzehn Uhr
siedmioro	numb	seven (used with a mixed group of people, objects existing only in plural, children and young animals)	sieben (für gemischte Gruppe, pluralia tantum, Kinder, kleine Tiere)
siedmiu	numb	seven (used with plural masculine personal nouns)	sieben (über Personalmaskulina)
siedmiuset	numb	seven hundred (used with plural masculine personal nouns)	siebenhundert (über Personalmaskulina)
siedziba	fem	seat, headquarters	Sitz
siedzieć	imp	to sit	sitzen
sierpień	masc	August	August
sięgać	imp	to reach	zurückreichen
siostra	fem	sister	Schwester

siódemka	fem	1. number seven, 2. group of seven	die Sieben
siódma	fem	7 a.m	sieben Uhr
siódmy, -a, -e	numb	seventh	der / die / das siebte
skandal	masc	scandal	Skandal
skarb	masc	treasure	Schatz
skarpetka	fem	sock	Socke
składać (wniosek)	imp	to submit	(einen Antrag) stellen
sklep	masc	shop	Geschäft
skoczek	masc	jumper	Skispringer
skoczyć	perf	to jump	springen
skończyć	perf	to finish	beenden
skończyć się	perf	to end	zu Ende sein
skorzystać	perf	to benefit	profitieren
skracać	imp	to shorten	kürzen
skręcać	imp	to turn	abbiegen, einbiegen
skręcić	perf	to turn	abbiegen, einbiegen
skrzypce	pl	violin	Geige
skrzyżowanie	neut	crossroads	Kreuzung
słodki, -a, -ie	adj	sweet	süß
słodycze	pl	sweets	Süßigkeiten
słoneczny, -a, -e	adj	sunny	sonnig
słówka	pl	vocabulary	Vokabeln
słowniczek	masc	glossary	Taschenwörterbuch
słownik	masc	dictionary	Wörterbuch
słowo	neut	word	Wort
słuchać	imp	to listen to	zuhören
służyć	imp	to be designed for sth	dienen
służbowy, -a, -e	adj	business	dienstlich
słyszeć	imp	to hear	hören
smakować	imp	to taste	schmecken
SMS-ować	imp	to text	simsen, SMS senden
smutno	adv	sadly	traurig
smutny, -a, -e	adj	sad	traurig
sobota	fem	Saturday	Samstag
sok	masc	juice	Saft
sokowirówka	fem	juicer	Entsafter
sól	fem	salt	Salz
solenizant	masc	birthday child or a person celebrating one's name day	Geburtstagskind oder jemand, der seinen Namenstag feiert
spać	imp	to sleep	schlafen
spacer	masc	walk	Spaziergang
spacerować	imp	to walk, to stroll	spazieren gehen
spakować	perf	to pack	packen
spanie	neut	sleeping	Schlafen
specjalność	fem	speciality	Spezialität
specjalny, -a, -e	adj	special	speziell
spektakl	masc	performance	Theateraufführung
spędzać	imp	to spend	verbringen
spędzany, -a, -e	part	spent	verbracht
spędzić	perf	to spend	verbringen
spis treści	masc	contents	Inhaltsverzeichnis
spod	prep	from under, from beneath	unter…hervor
spodnie	pl	trousers (BRIT), pants (US)	Hose
spodobać się	perf	to appeal to sb	gefallen
spokój (dać komuś)	–	to leave someone alone	jdn. in Ruhe lassen
społeczeństwo	neut	society	Gesellschaft
sponsor	masc	sponsor	Sponsor

sporo	adv	quite a lot	recht viel
sport	masc	sport	Sport
sposób	masc	way	Art und Weise
spotkać	perf	to meet	treffen
spotkać się	perf	to meet with, to go out with	(sich) treffen
spotkanie	neut	meeting	Treffen
spotykać	imp	to meet	treffen
spowodować	perf	to cause	verursachen, zur Folge haben
spożycie	neut	consumption	Verbrauch
spójnik	masc	conjunction	Konjunktion
spółgłoska	fem	consonant	Konsonant
spóźniać się	imp	to be late	sich verspäten
spóźnić się	perf	to be late	sich verspäten
spóźnienie	neut	lateness	Verspätung
sprawa	fem	1. matter, affair, 2. business	Sache, Angelegenheit
sprawdzać	imp	to check	(über)prüfen
sprzątać	imp	to clean	aufräumen
sprzątanie	neut	cleaning	Aufräumen
sprzedać	perf	to sell	verkaufen
sprzedawać	imp	to sell	verkaufen
sprzęty domowe	pl	household appliances	Haushaltsgeräte
spytać	perf	to ask	fragen
stać	imp	to stand	stehen
stać kogoś na coś	imp	to afford something	sich etw. leisten können
stać się	perf	to happen, to become	werden
stały, -a, -e	adj	regular	ständig
stan	masc	state	Stand
stanowisko	neut	post, stand	Posten, Amt
starać się	imp	to try	sich bemühen
starannie	adv	thoroughly	sorgfältig, genau
starszy, -a, -e	adj	older	älter
stary, -a, -e	adj	old	alt
stawać się	imp	to become	werden
stąd	pron	from here	von hier aus
sto	numb	hundred	hundert
stolica	fem	capital	Hauptstadt
stopa	fem	foot	Fuß
stopień	masc	1. degree, 2. step	1. Grad, 2. Stufe
stopniowo	adv	gradually	allmählich
stopniowy, -a, -e	adj	gradual	allmählich
stosować dietę	imp	to be on (a diet)	eine Diät anwenden
stosowany, -a, -e	adj	used	angewandt
stół	masc	table	Tisch
strasznie	adv	terribly	schrecklich
straszny, -a, -e	adj	terrible	schrecklich
stres	masc	stress	Stress
strona	fem	side, page	Seite
strona bierna	fem	passive voice	Passiv
strona bierna niedokonana	fem	imperfective passive voice	imperfektives Passiv
strona czynna	fem	active voice	Aktiv
student	masc	student	Student
studentka	fem	student	Studentin
studia	pl	studies	Studium, Studien
studiować	imp	to study	studieren
stworzyć	perf	to create	schaffen
styl	masc	style	Stil
stypendium	neut	grant, scholarship	Stipendium
stypendium naukowe	neut	scholarship	wissenschaftliches Stipendium

sufiks	masc	suffix	Suffix
sukces	masc	success	Erfolg
sukienka	fem	dress	Kleid
suma	fem	sum	Summe
suszarka	fem	dryer	Haartrockner
suszyć	imp	to dry	trocknen
swój, swoja, swoje	pron	1. one's (own), 2. general word for: my, your, his, her, its, our, their	1. eigen, 2. Possessivpronomen für: mein, dein, sein, ihr, unser, euer, ihr
sylaba	fem	syllable	Silbe
sylwester	masc	New Year's Eve	Silvester
sympatia	fem	liking, girlfriend / boyfriend	Sympathie
sympatycznie	adv	nicely, in a friendly way	sympathisch
sympatyczny, -a, -e	adj	nice, friendly	sympathisch
syn	masc	son	Sohn
systematycznie	adv	systematically	systematisch
sytuacja	fem	situation	Situation
szacunek	masc	respect	Achtung
szafa	fem	wardrobe	Schrank
szalik	masc	scarf	Schal
pracować jak szalony	–	to work hard	hart arbeiten
szanowny, -a, -e	adj	honourable, Dear …	geehrt
szansa	fem	chance	Chance
szczególnie	adv	especially	besonders
szczególny, -a, -e	adj	special	der / die / das besondere
szczerze	adv	honestly	ehrlich
szczęście	neut	happiness, luck	Glück
szczęśliwie	adv	happy	glücklich
szczęśliwy, -a, -e	adj	happy	glücklich
szef	masc	boss	Chef
szefowa	fem	boss	Chefin
szepnąć	perf	to whisper	flüstern
sześcioro	numb	six (used with a mixed group of people, objects existing only in plural, children and young animals)	sechs (für gemischte Gruppe, pluralia tantum, Kinder, kleine Tiere)
sześciu	numb	six (used with plural masculine personal nouns)	sechs (über Personalmaskulina)
szewc	masc	shoemaker	Schuhmacher
szkodliwy dla zdrowia	adj	bad for one's health	gesundheitsschädlich
szkodzić	imp	to harm	schaden
szkoła	fem	school	Schule
szlak handlowy	masc	trade route	Handelsweg
szósta	fem	6 a.m.	sechs Uhr
szóstka	fem	1. number six, group of six, 2. A (mark), 3. first molar	1. die Sechs, 2. die Eins (Schulnote), 3. erster Molar
szósty, -a, -e	numb	sixth	der / die / das sechste
szpital	masc	hospital	Krankenhaus
sztuka	fem	1. art., 2. piece, 3. play	Stück
sztuka ogrodowa	fem	garden art	Gartenkunst
szuflada	fem	drawer	Schublade
szukać	imp	to seek, to look for	suchen
Szwajcaria	fem	Switzerland	Schweiz
szyba	fem	windscreen (BRIT), windshield (US)	Windscheibe
szybki, -a, -ie	adj	quick, fast	schnell
szybko	adv	quickly	schnell
szyć	imp	to sew	nähen
Ś			
ściągnąć	perf	to download	herunterladen

ściana	fem	wall	Wand
ślady	pl	traces, footprints	Spuren
Śląsk	masc	Silesia	Schlesien
ślub	masc	wedding	Trauung
śmiać się	imp	to laugh	lachen
śmiało	adv	boldly	fruchtlos, kühn
śmiały, -a, -e	adj	bold	mutig, kühn
śniadanie	neut	breakfast	Frühstück
śpiewać	imp	to sing	singen
średniowiecze	neut	Middle Ages	Mittelalter
średniowieczny, -a, -e	adj	medieval	mittelalterlich
środa	fem	Wednesday	Mittwoch
środek	masc	middle	1. Mitte (Fläche) 2. Mittel
świadczyć	imp	to show, to be a sign of sth	zeugen
świadectwo	neut	certificate	Zeugnis
świat	masc	world	Welt
światowy, -a, -e	adj	world	Welt-, weltweit
świątynia	fem	temple	Tempel
świetnie	adv	excellent, great	super, toll, ausgezeichnet
świetny, -a, -e	adj	excellent, great	super, toll, ausgezeichnet
świeży, -a, -e	adj	fresh	frisch
święta	pl	holidays, Christmas, Easter	Feiertage, Weihnachten, Ostern
święto	neut	holiday	Feiertag, Fest
święto państwowe	neut	public holiday	staatlicher Feiertag
świnka	fem	little pig	Schweinchen
świt	masc	dawn	Tagesanbruch
T			
tabelka	fem	chart	Tabelle
tabletka	fem	tablet, pill	Tablette
tabletka przeciwbólowa	fem	painkiller	Schmerztablette
tablica	fem	board	Tafel
tajemniczy, -a, -e	adj	mysterious	geheimnisvoll
taki, -a, -ie	pron	such	solch ein(e)
taksówka	fem	taxi	Taxi
tam	pron	there	dort
tamtędy	pron	that way	dort entlang
tani, -ia, -ie	adj	cheap	billig
taniec	masc	dance	Tanz
taniec współczesny	masc	modern dance	zeitgenössischer Tanz
tanio	adv	cheaply	billig
tańczyć	imp	to dance	tanzen
teatr	masc	theatre	Theater
tekst	masc	text	Text
telefon	masc	telephone	Telefon
telefon komórkowy	masc	mobile phone	Mobiltelefon, Handy
telefonować	imp	to call	telefonieren
telewizja	fem	television	Fernsehen
telewizor	masc	TV set	Fernseher
temat	masc	topic, subject, theme	Thema
temat czasownika	masc	verb stem	Verbstamm
temperatura	fem	temperature	Temperatur
ten, ta, to	pron	this	diese, -r, -s
tendencja	fem	tendency, trend	Tendenz, Trend
teraz	adv	now	jetzt
teraźniejszość	fem	present	Gegenwart, Jetzt
teraźniejszy czas	masc	the present tense	Präsens
teren	masc	area	Gebiet, Gelände
testować	imp	to test	testen, überprüfen

też	particle	also	auch
tłum	masc	crowd	(Menschen)menge, Gedränge
tłumaczyć	imp	to translate	dolmetschen, übersetzen
tłuszcz	masc	fat	Fett
toczyć się	imp	to take place	verlaufen
ton	masc	tone	Ton, Klang
tonik	masc	tonic	Gesichtswasser
tost	masc	toast	Toast
toster	masc	toaster	Toaster
towar	masc	goods	Ware
towarzyski, -a, -ie	adj	social	gesellig
tracić	imp	to lose	verlieren
tradycyjny, -a, -e	adj	traditional	traditionell
trafiać	imp	to hit, to find one's way, to land	treffen
traktować	imp	to treat	behandeln, umgehen
tramwaj	masc	tram	Straßenbahn
trenować	imp	to train	trainieren
trochę	adv	a little, some	etwas, ein bisschen
troje	numb	three (used with a mixed group of people, objects existing only in plural, children and young animals)	drei (für gemischte Gruppe, pluralia tantum, Kinder, kleine Tiere)
troskliwy, -a, -e	adj	caring	sorgsam, fürsorglich
trójka	fem	1. number three, 2. group of three	die Drei
trud	masc	effort, hardship	Mühe
trudno	adv	hard	schwierig, schwer
trudny, -a, -e	adj	difficult	schwierig, schwer
trwać	imp	to last	dauern
tryb przypuszczający	masc	conditional	Konjunktiv
trzeba	–	it's necessary to	man soll, es ist nötig
trzech	numb	three (used with plural masculine personal nouns)	drei (über Personalmaskulina)
trzecia	fem	3 a.m.	drei Uhr
trzeci, -a, ie	numb	third	der / die / das dritte
trzej	numb	three (used with plural masculine personal nouns)	drei (über Personalmaskulina)
trzy czwarte	numb	three fourths	drei Viertel
trzydziestu	numb	thirty (used with plural masculine personal nouns)	dreißig (über Personalmaskulina)
trzydziesty, -e, -e	numb	thirtieth	der / die / das dreißigste
trzymać	imp	to hold, to keep	halten
trzynastka	fem	1. number thirteen, 2. group of thirteen	die Dreizehn
trzynasta	fem	1 p.m.	dreizehn Uhr
trzynasty, -a, -e	numb	thirteenth	der / die / das dreizehnte
tu	adv	here	hier
turysta	masc	tourist	Tourist
twarz	fem	face	Gesicht
twierdzić	imp	to claim, to say	behaupten
tworzyć	imp	to create, to make	erschaffen, bilden
twój, twoja, twoje	pron	your, yours	dein, -e, dein
tydzień	masc	week	Woche
tyle	pron	this many / much, so many / much (used with plural non masculine personal nouns)	so viel (mit Sachform)
tylko	adv	1. only, 2. just, 3. (jak tylko) as soon as	nur
tylu	pron	this many, so many (used with plural masculine personal nouns)	so viel (mit Personalform)

typ	masc	type	Typ
typ urody	masc	type of beauty	Schönheitstyp
tzn. / to znaczy	abbr	i.e. / that is	d.h. / das heißt
U			
u	prep	at	bei
ubierać	imp	to dress	kleiden
ubierać się	imp	to get dressed	sich anziehen
ubrać	imp	to dress	anziehen
ubrać się	perf	to get dressed	sich anziehen
ubranie	pl	clothes	Kleidung
ucho	neut	ear	Ohr
ucieszyć	perf	to please	(er)freuen
ucieszyć się z	perf	to be happy about	sich freuen über
uczeń	masc	pupil	Schüler
uczennica	fem	pupil	Schülerin
uczestniczyć	imp	to participate	teilnehmen
uczyć	imp	to teach	lehren, unterrichten
uczyć się	imp	to learn	lernen
udział	masc	participation	Teilnahme
udzielać	imp	to give	geben
ugotować	perf	to cook	kochen
układ	masc	arrangement, layout	System, Netz
ukraść	perf	to steal	stehlen
ul. / ulica	abbr	St. / street	Str. / Straße
ułamkowy, -a, -e	adj	fractional	Bruch-
ułatwiać	imp	to make easier	erleichtern
ulgowy, -a, -e	adj	reduced	ermäßigt
ulica	fem	street, road	Straße
ułożyć	perf	to arrange, to make up	ordnen, legen
ulubiony, -a, -e	adj	favourite	beliebt
umalować się	perf	to make up	sich schminken, Make-up auftragen
umawiać	imp	to make an appointment for sb	verabreden
umawiać się	imp	to make an appointment	sich verabreden
umieć	imp	to know how to…	können
umierać	imp	to die	sterben
umówić	perf	to make an appointment for sb	sich verabreden
umówić się	perf	to make an appointment	sich verabreden
umrzeć	perf	to die	sterben
umyć (się)	perf	to wash (oneself)	(sich) waschen
Unia Europejska	fem	European Union	Europäische Union
unikalny, -a, -e	adj	unique	einmalig, einzigartig
unikatowy, -a, -e	adj	unique, one of a kind	einmalig, einzigartig
uniwersytet	masc	university	Universität
upał	masc	heat	Hitze
uparty, -a, -e	adj	stubborn	stur, hartnäckig
upływ	masc	passage, expiry	Ablauf
uprawa	fem	cultivation	Anbau
uprawiać (sport)	imp	to practise (sport)	treiben (Sport)
uprzejmy, -a, -e	adj	polite	höflich
urlop	masc	1. leave, 2. holiday	Urlaub
uroczysty, -a, -e	adj	ceremonial, solemn	feierlich, festlich
uroda	fem	good looks, beauty	Schönheit
urodzić	perf	to give birth to	gebären
urodzić się	perf	to be born	geboren sein
urodziny	pl	birthday	Geburtstag
urządzenie	neut	equipment, instrument	Gerät
usiąść	perf	to sit down	sich hinsetzen
usługa	fem	service	Dienstleistung

usłyszeć		perf	to hear	hören
uspokoić się		perf	to calm down	sich beruhigen
usta		pl	mouth, lips	Mund
ustawienie		neut	setup, arrangement	Einstellung
usuwać		imp	to remove	beseitigen
uszy		pl	ears	Ohren
uszyć		perf	to sew	nähen
uśmiech		masc	smile	Lächeln
uśmiechać się		imp	to smile	lächeln
utalentowany, -a, -e		adj	talented	talentiert, begabt
utworzyć		perf	to create	bilden
uwaga		fem	attention	1. Achtung, 2. Aufmerksamkeit
uważać		imp	to be careful, to pay attention, to think	meinen, glauben
uwolnić się		perf	to free oneself	befreien
uzupełnić		perf	to complete	ergänzen
użyć		perf	to use	benutzen
używać		imp	to use	benutzen
używany, -a, -e		part	used	benutzt
W				
w		prep	in	in
w ciągu		prep	1. within, 2. during	1. innerhalb, 2. während
w końcu		–	in the end	endlich
w lewo		–	left	(nach) links
w ogóle		–	in general, (not) at all	überhaupt
w pobliżu		–	nearby, not far from	in der Nähe
w prawo		–	right	(nach) rechts
w związku		–	due (to sth)	in Zusammenhang mit
wacik		masc	swab of cotton wool	Wattebausch
wakacje		pl	holidays (BRIT), vacation (US)	Sommerferien
walizka		fem	suitcase	Koffer
warszawski, -a, -ie		adj	Warsaw	Warschauer
warsztat		masc	(repair) garage	Werkstatt
warto		–	worth	es lohnt sich
warzywa		pl	vegetables	Gemüse
warzywniak		masc	greengrocer's	Gemüsestand
wasz, -a, -e		pron	your, yours (pl)	euer
wazon		masc	vase	Blumenvase
ważny, -a, -e		adj	important	wichtig
wcale		adv	at all	keineswegs, gar nicht
wchodzić		imp	to enter, to go in	hineingehen
wcześnie		adv	early	früh
wcześniej		adv	earlier	früher
wczesny, -a, -e		adj	early	früh
wczoraj		adv	yesterday	gestern
wczorajszy, -a, -e		adj	yesterday, yesterday's	gestrig
wdzięczny, -a, -e		adj	grateful	dankbar
według		prep	according to	laut, gemäß
weekend		masc	weekend	Wochenende
wejść		perf	to enter, to go in	hineingehen
wejście		masc	entrance	Eingang, Eintritt
wesoło		adv	cheerful	fröhlich, lustig
wesoły, -a, -e		adj	cheerful	fröhlich, lustig
wędrować		imp	to wander	wandern
wędzić		imp	to smoke-dry	räuchern
wędzony, -a, -e		adj	smoked	geräuchert
wiadomo		–	everybody knows	es ist bekannt
wiadomości		pl	the news	Nachrichten

wiadomy, -a, -e	adj	known, obvious	bekannt
wiązać się	imp	to tie oneself, to involve, to become involved / connected	sich verbinden
widziany, -a, -e	part	seen	gesehen
widzieć	imp	to see	sehen
(XIV-) wieczny, -a, -e	adj	(14th) century	aus dem XIV. Jahrhundert
wieczór	masc	evening	Abend
wieczorem	adv	in the evening	abends
wiedza	fem	knowledge	Wissen
wiedzieć	imp	to know	wissen
wiek	masc	age, century	Alter
wiele	adv	many, a lot	viele
Wielkanoc	fem	Easter	Ostern
Wielki Mistrz	masc	Grand Master	Hochmeister
wielki, -a, -ie	adj	huge	groß, riesig
wielofunkcyjny, -a, -e	adj	multifunctional	Mehrzweck-
wielu	pron	a lot	mehrere
wierny, -a, -e	adj	faithful, loyal	treu
wiersz	masc	poem	Gedicht
wierzyć	imp	to believe	glauben
wieś	fem	village, countryside	Dorf
wieża	fem	tower	Turm
więcej	adv	more	mehr
większość	fem	majority	Mehrheit
większy, -a, -e	adj	bigger	größer
wigilia	fem	Christmas Eve	Heiligabend
wino	neut	wine	Wein
wisieć	imp	to hang	hängen (Zustand)
witać	imp	to welcome, to greet	begrüßen
wkładać	imp	to put in, to put on	hineinlegen, hineinstecken
włamywacz	masc	burglar	Einbrecher
właściwy, -a, -e	adj	appropriate	richtig, geeignet
właśnie	adv	exactly, just now	eben, gerade
własny, -a, -e	adj	own	eigen
włączać	imp	to turn on, to include	einschalten, einschließen
włączyć	perf	to turn on, to include	einschalten, einschließen
Włoch	masc	Italian (man)	Italiener
Włochy	pl	Italy	Italien
włosy	masc	hair	Haar(e)
włoski, -a, -ie	adj	Italian	italienisch
włożyć	perf	to put	hineinstecken, hineinlegen
wnętrze	neut	interior	Innenraum
wniosek	masc	motion, conclusion, application	Antrag
wnuk	masc	grandson	Enkel
woda	fem	water	Wasser
woda mineralna	fem	mineral water	Mineralwasser
wojna	fem	war	Krieg
wojna światowa	fem	world war	Weltkrieg
wojna trzydziestoletnia	fem	Thirty Years War	der Dreißigjährige Krieg
wokalistka	fem	female vocalist	Sängerin, Vokalistin
wołać	imp	to call	rufen
wołacz	masc	vocative	Vokativ
woleć	imp	to prefer	bevorzugen
wolno	adv	slowly, freely	langsam
wolno	–	one may, it is allowed	man darf, es ist erlaubt
wolny, -a, -e	adj	free	frei, nicht besetzt
wpisać	perf	to write down, to enter	eintragen, einsetzen
wpłacić	perf	to pay (in)	einzahlen

wracać	imp	to come back, to return	zurückkommen
wrażliwy, -a, -e	adj	sensitive	empfindlich, sensibel
wreszcie	adv	at last	endlich
wrona	fem	crow	Krähe
wróbel	masc	sparrow	Spatz
wrócić	perf	to return	zurückkehren
wróżka	fem	fortune-teller	Wahrsagerin
wróżyć	imp	to foretell sb sth	jdm. etw. wahrsagen
wrzesień	masc	September	September
wsiadać	imp	to get in, to get on	einsteigen
wsiąść	perf	to get in, to get on	einsteigen
wskazujący, -a, -e	adj	demonstrative	Demonstrativ-
wspaniały, -a, -e	adj	wonderful, splendid	wunderbar
wsparcie	neut	support	Unterstützung
współpracownik	masc	partner, associate, cooperator	Mitarbeiter
wstać	perf	to get up	aufstehen
wstawić	perf	to put (in)	eintragen, einsetzen
wszędzie	adv	everywhere	überall
wszyscy	pron	everyone (used with plural masculine personal nouns)	alle (Personalform)
wszystkie	pron	all (used with plural non masculine personal nouns)	alle (Sachform)
wszystko	pron	everything	alles
wśród	prep	among	(in)mitten, während
wtedy	adv	then	damals, dann
wtorek	masc	Tuesday	Dienstag
wybierać	imp	to choose	wählen
wybór	masc	choice	Wahl
wybrać	perf	to choose	auswählen
wybudować	perf	to build	bauen
wychodzić	imp	to leave, to go out	herausgehen
wychodzić za mąż	imp	to get married (about a woman)	heiraten (über eine Frau)
wyciągać	imp	to pull out, to stretch out, to drag out	herausziehen, herausholen
wycieczka	fem	trip, excursion	Ausflug, Exkursion
wyciszony, -a, -e	adj	calm, muted	beruhigt, schweigsam
wydarzać się	imp	to happen	geschehen
wydarzyć się	perf	to happen	geschehen
wydawać się	imp	to seem	vorkommen, erscheinen
wyglądać	imp	to look	aussehen
wygodnie	adv	comfortably	bequem
wygodny, -a, -e	adj	comfortable	bequem
wygrać	perf	to win	gewinnen
wygrać w lotto	perf	to win the lottery	im Lotto gewinnen
wyjąć	perf	to take out	herausnehmen, herausziehen
wyjaśnić	perf	to clarify, to explain	erklären, erläutern
wyjątek	masc	exception	Ausnahme
wyjazd	masc	departure, trip, exit	Abfahrt, Reise, Exkursion
wyjechać	perf	to leave, to depart, to drive out	wegfahren
wyjeżdżać	imp	to leave, to depart, to drive out	wegfahren
wyjmować	imp	to take out	herausnehmen, herausziehen
wyjść	perf	to leave, to go out	herausgehen
wyjść za mąż	perf	to get married (about a woman)	heiraten (über eine Frau)
wykąpać się	perf	to have a bath	baden
wykład	masc	lecture	Vorlesung
wykonanie	neut	performance, execution, workmanship	Ausführung
wykorzystać	perf	to use	benutzen
wykwalifikowany, -a, -e	adj	qualified	qualifiziert, ausgebildet

wyłączać	imp	1. to turn off, to unplug, 2. to exclude	1. ausschalten, 2. ausschließen
wyłączyć	perf	1. to turn off, to unplug, 2. to exclude	1. ausschalten, 2. ausschließen
wylądować	perf	to land	landen
wymagany, -a, -e	adj	required	erforderlich
wynajmowany, -a, -e	part	rented	gemietet
wynosić	imp	1. to take out, 2. to amount (to)	1. hinaustragen, 2. betragen
wyobrażać sobie	imp	to imagine	sich vorstellen
wypadek	masc	accident	Unfall
wypełnić	perf	to fill in (BRIT), to fill out (AM)	ausfüllen
wypić	perf	to drink (up)	austrinken
wypowiedź	fem	statement, expression	Aussage
wyprać	perf	to wash	Wäsche waschen
wyraz	masc	word	Wort
wyrazy szacunku	–	regards	hochachtungsvolle Grüße
wyrażenie	neut	expression	Phrase
wyróżniony, -a, -e	adj	highlighted	markiert
wyrzucać	imp	to throw away	wegwerfen
wyrzucić	perf	to throw away	wegwerfen
wysiadać	imp	to get out, to get off	aussteigen
wysiąść	perf	to get out, to get off	aussteigen
wysiłek	masc	effort	Anstrengung
wysłać	perf	to send	schicken
wysoki, -a, -ie	adj	1. tall, 2. high	1. groß, 2. hoch
wysoko	adv	high	hoch
wysokość	fem	height	Höhe
wystarczająco	adv	enough	ausreichend
wystawa	fem	exhibition	Ausstellung
występować	imp	to occur, to appear, to act, to step out	auftreten
wytrwałość	fem	perseverance	Ausdauer
wyższy, -a, -e	adj	higher, taller	höher
wyzwanie	neut	challenge	Herausforderung
wzdłuż	prep	along	entlang
wziąć	perf	to take	nehmen
wzór	masc	pattern, model, example	Muster, Modell, Vorlage
wzrosnąć	perf	to grow	wachsen
w związku z	masc	in connection with	diesbezüglich
Z			
z	prep	1. with, 2. from	1. mit, 2. aus
z góry	–	in advance, from above	im Voraus
za	prep	1. behind, 2. in (e.g. 5 minutes)	1. hinter, 2. in
za granicą	–	(be) abroad	im Ausland
za granicę	–	(go) abroad	ins Ausland
zaakcentować	perf	to stress	betonen
zabawa	fem	fun	Spaß
zabawka	fem	toy	Spielzeug
zabierać	imp	to take	mitnehmen
zabrania się	–	it is forbidden / prohibited	es ist verboten
zabraniać	imp	to forbid, to prohibit	verbieten
zabytkowy, -a, -e	adj	historic	historisch, alt
zachęcać	imp	to encourage	ermuntern
zachodni, -ia, -ie	adj	west, western	westlich, West-
zachować	perf	to keep, to preserve, to save	erhalten, aufbewahren
zachować się	perf	to behave	sich verhalten
zachowany, -a, -e	part	preserved	erhalten
zachowywać się	imp	to behave	sich benehmen, sich verhalten
zacząć	perf	to start	beginnen, anfangen

zacząć się	perf	to start	beginnen, anfangen
zaczynać	imp	to start	beginnen, anfangen
zadbać o	perf	to take care of	sich kümmern um
zadowolony, -a, -e	adj	satisfied	zufrieden
zadzwonić	perf	to call	anrufen
zagadnienie	neut	issue	Frage, Problem
zagotować	perf	to boil	aufkochen
zagubiony, -a, -e	adj	lost	verloren
zaimek	masc	pronoun	Pronomen
zaimek dzierżawczy	masc	possessive pronoun	Possessivpronomen
zaimek nieokreślony	masc	indefinite pronoun	Indefinitpronomen
zaimek osobowy	masc	personal pronoun	Personalpronomen
zainteresowany, -a, -e	adj	interested	an etw. interessiert
zajęcia	pl	classes	Unterricht
zakaz palenia	masc	smoking ban, no smoking	Rauchverbot
zakazywać	imp	to forbid	verbieten
Zakon Krzyżacki	masc	Order of the Teutonic Knights	der Deutsche Orden
zakończony, -a, -e	part	completed	abgeschlossen, beendet
zakończyć	perf	to end	beenden
zakończyć się	perf	to end	enden, schließen
zakreślić	perf	to highlight	anstreichen
zakupy	pl	shopping	Einkäufe
zależeć od	imp	to depend	abhängen von
założenie	neut	foundation	Gründung
założony, -a, -e	part	founded	gegründet
założyć	perf	to start, to establish	gründen
zamawiać	imp	to order	bestellen
zamek	masc	castle	Schloss
zamiast	prep	instead of	(an)statt
zamienić	perf	to turn into	verwandeln
zamknąć	perf	to close	schließen
zamknięty, -a, -e	adj	closed	geschlossen
zamówić	perf	to order	bestellen
zamyślony, -a, -e	adj	pensive	mit seinen Gedanken woanders sein
zanieść	perf	to take	hinbringen
zanim	conj	before	bevor
zaoszczędzić	perf	to save	(er)sparen
zapalić	perf	to light	anzünden
zapewniać	imp	ta assure	sichern, gewährleisten
zapisać się	perf	to sign up	sich anmelden
zaplanowany, -a, -e	part	planned	geplant
zapraszać	imp	to invite	einladen
zaprezentowanie	neut	presentation	Präsentation
zaprosić	perf	to invite	einladen
zaproszenie	neut	invitation	Einladung
zaprzyjaźnić się	perf	to make friends	sich befreunden
zapytać	perf	to ask	fragen
zarobić	perf	to earn	verdienen
zarozumiały, -a, -e	adj	conceited	eingebildet
zarówno... jak	conj	both	sowohl...als auch
zasada	fem	rule, principle	Prinzip, Grundsatz
zasnąć	perf	to fall asleep	einschlafen
zaspać	perf	to oversleep	verschlafen
zastanawiać się	imp	to think	nachdenken, überlegen
zastanowić się	perf	to think	nachdenken, überlegen
zastąpiony, -a, -e	part	substituted, replaced	ersetzt
zastępowany, -a, -e	part	substituted, replaced	ersetzt
zasypiać	imp	to fall asleep	einschlafen

zatrzymać się	perf	to stop	anhalten, stoppen
zauważyć	perf	to notice	bemerken
zawierać	imp	to include	enthalten
zawsze	adv	always	immer
zaznaczyć	perf	to mark	markieren
zazwyczaj	adv	usually	gewöhnlich
zażyć	perf	to take	einnehmen
zażywać	imp	to take	einnehmen
ząb	masc	tooth	Zahn
zbiór	masc	collection	Sammlung
zbliżający, -a, -e się	part	approaching	ankommend
zbudować	perf	to build	bauen
zbyt	adv	too	zu, allzu
zbytnio	adv	too	zu, allzu
z całych sił	–	at one's best	aus allen Kräften
zdać	perf	to pass (an exam)	ablegen, bestehen (Prüfung)
zdanie	masc	sentence, opinion	Satz
zdanie podrzędnie złożone	masc	complex sentence	Satzgefüge
zdanie podrzędne	masc	subordinate clause	Nebensatz
zdanie przeczące	masc	negative sentence	Negationssatz
zdanie twierdzące	masc	affirmative sentence	Aussagesatz
zdanie warunkowe	masc	conditional sentence	Konditionalsatz
zdążyć	perf	to keep up, to make it, to catch, to be on time (for something)	rechtzeitig kommen
zdążyć na	perf	to catch (a bus), to be on time for	erreichen (den Bus)
zdecydować się	perf	to decide	sich entscheiden
zdecydować się na	perf	to decide on	sich für etw. entscheiden
zdecydowanie	adv	1. definitely, absolutely, 2. resoluteness	entschlossen, entschieden
zdejmować	imp	to take off, to remove	ablegen, ausziehen
zdenerwować się	perf	to become nervous / irritated / upset	sich aufregen
zdjąć	perf	to take off, to remove	ablegen, ausziehen
zdjęcie	neut	picture, photo	Foto, Bild
zdobyć	perf	to get, to win, to obtain, to capture	gewinnen, erwerben
zdobywać	imp	to get, to win, to obtain, to capture	gewinnen, erwerben
zdolny, -a, -e	adj	talented, capable	begabt
zdradzić	perf	to disclose, to betray, to cheat on	verraten
zdrowie	neut	health	Gesundheit
zdrowo	adv	healthily	gesund
zdrowy, -a, -e	adj	healthy	gesund
zdumiewać	imp	to amaze	erstaunen, verwundern
zebranie	neut	meeting	Versammlung
zegarek	masc	watch	Uhr
zepsuć się	perf	to break down, to go bad, to get worse	kaputtgehen
zespół rockowy	masc	rock band	Rockband
zestresowany, -a, -e	adj	stressed	gestresst
zęby	pl	teeth	Zähne
zgubić się	perf	to get lost	sich verlieren
zieleń	fem	green	Grün
ziemia	fem	Earth, land, soil, ground	Erde
zima	fem	winter	Winter
zimno	adv	cold	kalt
zimny, -a, -e	adj	cold	kalt
zimowy, -a, -e	adj	winter	winterlich, Winter-

zjeść	perf	to eat	(auf)essen
złamać	perf	to break	brechen
złość	fem	anger	Ärger, Wut, Zorn
złośliwy, -a, -e	adj	malicious, nasty	boshaft, bösartig
złoty	masc	zloty (Polish currency)	Zloty (die polnische Währung)
złoty, -a, -e	adj	golden	golden
złożyć (wniosek)	perf	to submit	(einen Antrag) stellen
zły, -a, -e	adj	bad, angry	böse, sauer
zmarznąć	perf	to be cold, to freeze	frieren
zmęczony, -a, -e	adj	tired	müde, erschöpft
zmiana	fem	change, shift	Wechsel, Änderung
zmieniać	imp	change, shift	(ver)ändern
zmienić	perf	to change	(ver)ändern
zmienić się	perf	to change, to be changed	sich ändern, verändern
zmieniony, -a, -e	adj	changed	verändert
zmywać (naczynia)	imp	to do the dishes, to wash up	Geschirr spülen, abwaschen
zmywarka	fem	dishwasher	Geschirrspülmaschine
znać	imp	to know	kennen
znać się	imp	to know, to know oneself / each other	sich auskennen
znaczenie	neut	meaning	Bedeutung
znacznie	adv	considerably	bedeutend, erheblich
znaczyć	imp	to mean	bedeuten
znad	prep	from, from above / over	von
znajdować	imp	to find	finden
znajdować się	imp	to be, to be found	sich befinden
znajoma	fem	acquaintance	Bekannte (Frau)
znajomi	pl	acquaintances	Bekannten
znajomość	fem	knowledge	Bekanntschaft, Wissen
znajomy	masc	acquaintance	Bekannte(r)
znakomicie	adv	superbly	ausgezeichnet, vollkommen
znaleźć	perf	to find	finden
znany, -a, -e	adj	known, famous	bekannt
znany, -a, -e (z)	adj	well-known (for)	bekannt (für)
znów	adv	again	wieder
znowu	adv	again	wieder
zobaczyć	perf	to see	sehen
zorganizowany, -a, -e	adj	organized	organisiert
zostać	perf	1. to stay, to be left, 2. to become	1. bleiben, 2. werden
zostawić	perf	to leave	verlassen, zurücklassen
zrelaksować się	perf	to relax	sich entspannen
zrezygnować	perf	to give up, to resign	verzichten, aufgeben
zrobić	perf	to do, to make	tun, machen
zrozumieć	perf	to understand	verstehen
zupełnie	adv	completely	ganz, vollkommen
zwiedzać	imp	to visit, to explore	besichtigen
zwiedzić	perf	to visit, to explore	besichtigen
zwierzę	neut	animal	Tier
zwłaszcza	conj	especially	vor allem, besonders
zwolnienie	neut	sick leave	Attest, Krankschreibung
zwracać uwagę	imp	to pay attention	Aufmerksamkeit schenken
zwracać się do	imp	to address	sich wenden an
zwrot	masc	1. turn, 2. phrase	1. Wendung, 2. Redewendung
zwykle	adv	usually	gewöhnlich
zwykły, -a, -e	adj	ordinary	üblich, normal
Ż			
żaden, żadna, żadne	pron	not any, neither	keiner, keine, kein

żarówka	fem	light bulb	Glühbirne
że	conj	that	dass
żeby	conj	(in order) to	um…zu
żel	masc	gel	Gel
żołądek	masc	stomach	Magen
żona	fem	wife	Ehefrau
żyć	imp	to live	leben
życie	neut	life	Leben
życzenie	neut	wish	Wunsch
życzyć	imp	to wish	wünschen
żydowski, -a, -ie	adj	Jewish	jüdisch

Klucz

1. Opalamy się nad jeziorem
1. na, 2. z, 3. nad, 4. na, 5. w, 6. na, 7. pod, 8. do, 9. z, 10. w, 11. na, 12. przy, 13. znad, 14. spod, 15. za

2. Składać czy złożyć?
A.
1. zdejmować, 2. wyjąć, 3. kłaść, 4. ubrać (się), 5. siadać, 6. włożyć, 7. otwierać, 8. odpowiedzieć, 9. pociąć, 10. rozwodzić się, 11. wysiąść, 12. kroić, 13. pobrać się, 14. umrzeć, 15. składać
B.
1. położył się, 2. usiądzie / siada, 3. wkłada / kładzie, 4. otwiera, 5. wysiadamy, 6. tną, 7. rozwodzą się, 8. składa / złożyła

3. Nie musisz mi tego mówić!
1. tego robić, 2. wyjeżdżać na urlop, 3. czytać tej książki, 4. oglądać tego filmu, 5. sprzątać mieszkania, 6. się ciepło ubierać / ciepło się ubierać, 7. pożyczać od was pieniędzy, 8. nic / niczego jeść, 9. radź mi, co mam powiedzieć, 10. tłumaczcie tego tekstu, 11. kupuj nic / niczego do jedzenia, 12. jedźmy w tym roku do Portugalii

4. Myślę, że masz rację
1. której, 2. kiedy / gdy, 3. że, 4. co, 5. żebyś, 6. kiedy / gdy / jeśli, 7. żeby, 8. gdybyśmy, 9. ponieważ, 10. że, 11. zanim, 12. jak, 13. czy, 14. po tym jak, 15. kto, 16. mimo że, 17. że, 18. kiedy / gdy, 19. jeśli / kiedy / gdy

5. O czym myślisz?
1. Nie znaliśmy / znałyśmy miasta i musieliśmy / musiałyśmy zapytać **o** drogę.
2. Dzwoniłem / Dzwoniłam **do** ciebie wczoraj.
3. **O** czym przed chwilą rozmawialiście / rozmawiałyście?
4. Kaśka dzisiaj długo czekała **na** autobus i spóźniła się **do** pracy.
5. **O** czym myślałeś / myślałaś podczas dzisiejszej dyskusji?
6. Oni zawsze dużo plotkowali **o** swoim szefie.
7. Nie wiedziałaś / wiedziałeś **o** tym, że ona wyszła za mąż?
8. One długo pracowały **nad** tym projektem.
9. Oni cały czas się **o** coś kłócili.
10. Mariusz nikogo **o** tym nie poinformował. / Nikt Mariusza **o** tym nie poinformował.

6. Co on powiedział?
1. wzięłam, pojechałam, wróciłam
2. kąpaliśmy się, chodziliśmy
3. jeździłem
4. zamówiliśmy, oglądaliśmy
5. Wyłączyli
6. Złamałem
7. Włączyłem, słyszeliście
8. kupiłem
9. Poznałam, obiecał / obiecywał
10. poznali się

7. Proszę wejść!
1. pójść / iść, 2. dojść / pójść / iść / przejść, 3. wejść, 4. iść / pójść / wyjść, 5. przyjść, 6. wyjść, 7. pójść, 8. przejść, iść, 9. wyjść, 10. przyjść, 11. przyjść / podejść, 12. wejść

8. Z dwiema koleżankami i z dwoma kolegami
1. sześćdziesiąt pięć, 2. trzech, 3. piętnaście, 4. dwóch / dwu, 5. dziesięciu, 6. czterech, 7. jedną, dwie, 8. sześć, 9. dwadzieścia, 10. siedem, 11. dwiema, 12. dwudziestoma pięcioma, 13. pięciu, 14. trzech, 15. siedmiu, 16. czterech, 17. stu pięćdziesięcioma trzema, 18. osiem, 19. ośmiu, 20. dwoma

9. Idę po mleko do kawy
1.
a. do, dla
b. na, z
c. do, po
2.
a. w, na, nad, w
b. na, po, do, na
c. z, po, nad
3.
a. o, przed, przy
b. za, na, w
c. na, u, za
4.
a. od, do, na, do
b. na, do
c. po, na, dla, na
5. w
a. z, na, do
b. w, nad, dla
c. na, przez

10. Dobrze, dobrze!
1. d, 2. a, 3. b, 4. d, 5. c, 6. b, 7. d, 8. a, 9. a, 10. a, 11. d, 12. b

11. Słucham muzyki, pracując
1. badającego, 2. stojącą, 3. siedzącego, 4. przygotowany, 5. słuchając, 6. Jadąc, 7. zrobioną, 8. wiszący, 9. zarobione,

10. zamknięta, 11. Chcąc, 12. trzymając,
13. wędzone, 14. rozbitą

12. Maseczki domowej roboty
1. nam, 2. takiego, 3. sobie, 4. zrelaksowane,
5. roboty, 6. warzyw, 7. owoców, 8. własnego,
9. ekologicznych, 10. domowe, 11. te, 12. twarz,
13. makijażu, 14. żelem, 15. mleczka, 16. tonikiem,
17. czasu, 18. maseczkę, 19. wodą, 20. kremu

13. Chcąc zdać ten egzamin, musisz się więcej uczyć
1. **Zasypiając**, myślał o problemach w pracy.
2. **Idąc** do pracy, kupił gazetę.
3. Zawsze oglądała telewizję, **prasując**.
4. **Podróżując** pociągiem, często czytały książki.
5. **Ucząc się** do egzaminu, mało spała.
6. **Pracując** w tej firmie, nie miałeś czasu dla rodziny.
7. Myślał cały czas o pracy, **oglądając** film w kinie.
8. **Czytając** tę smutną historię, płakała.
9. **Robiąc** duże zakupy, zawsze płaciłam kartą.
10. **Rozmawiając** o tym, natychmiast tracił dobry humor.
11. Zawsze zabierali ze sobą psa, **jadąc** na wakacje.

14. Nie mogłam przyjść
1. mogła, 2. mogłeś, 3. chciałam, 4. chcieliście,
5. musiałam, 6. musieliśmy, 7. mogliśmy,
8. chcieli, 9. chciało, 10. musiał, 11. musiałeś,
12. mogliście, 13. chciałyśmy

15. Czy ktoś coś o tym słyszał?
1. kogoś, 2. Czegoś, 3. kimś, 4. czymś, 5. kimś,
6. ktoś, 7. czymś, 8. coś, 9. Coś, 10. kogoś,
11. komuś, 12. czemuś, 13. kogoś, 14. coś,
15. czymś

16. Co cię boli? Co ci jest?
1. im, im, 2. mu, go, 3. im, ich, 4. wam, nam, 5. im, je, 6. ci, mnie, 7. ci, mi, 8. mu, mu, 9. ci, cię, mnie,
10. mi, 11. nam, 12. jej, ją

17. Kochasz mnie?
1. im, 2. ją, Ja, jej, 3. go, 4. cię, ciebie, 5. mną,
nim, 6. ciebie, 7. niego, nam, 8. nim, 9. was, nas,
10. je, mnie, 11. mnie, nimi, 12. ją, was, 13. nami,
14. nich, 15. ci

18. Rano albo nad ranem
1. znad, 2. przy, 3. nad, 4. z, 5. z, 6. pod, 7. o, 8. w,
9. za, 10. za

19. Mam duże dzieci i mało czasu
1. b, 2. a, 3. a, 4. b, 5. c, 6. b, 7. a, 8. a, 9. b, 10. b

20. Co by było, gdyby... (1)
1. Gdyby Janek uczył się systematycznie, zdałby egzamin.
2. Gdyby oni nie jechali bardzo szybko, nie mieliby wypadku.
3. Gdybym nie poszła wczoraj późno spać, nie byłabym teraz zmęczona.
4. Gdyby Agnieszka nie była na nartach, nie złamałaby nogi.
5. Gdyby cały czas nie padało, Rafał nie wróciłby niezadowolony z urlopu.
6. Gdybym miał ze sobą parasol, nie wróciłbym do domu mokry.
7. Gdyby moja koleżanka uprawiała sport, miałaby dobrą kondycję.
8. Gdybyśmy nie dzwonili często za granicę, nie płacilibyśmy dużo za telefon.
9. Gdybyście mieli zegarek, nie spóźnialibyście się często.
10. Gdyby oni nie mieli stałego kontaktu z językiem, nie mówiliby tak dobrze po angielsku.

21. Mój pokój w akademiku
1. Katowicach, 2. akademiku, 3. ulicy Brzozowej, 4. piątym piętrze, 5. tym samym budynku, 6. trzecim piętrze, 7. uniwersytecie,
8. drugim roku, 9. innych akademikach,
10. wynajmowanych mieszkaniach, 11. moim pokoju, 12. rogu, 13. środku, 14. ścianach,
15. stole, 16. regałach, 17. krzesłach, 18. szafie,
19. łóżku, 20. podłodze

22. Płynął, płynęli...
1. krzyknęła, krzyknął, 2. kopnął, kopnęły,
3. minęły, minął, 4. szepnął, szepnęła,
5. zmarzłam, zmarzł / zmarzną, 6. kwitnął / kwitł, 7. potknęła się, 8. ściągnęła, 9. płynęli,
10. mrugnął, mrugnęłaś

23. Wczoraj wieczorem poszłam z koleżanką do kina
1. Poszedłem, chodziłem, 2. przeszła, szedł,
3. przychodzili, wychodzili, 4. poszły, wyszły, poszły, 5. rozeszli się, 6. wyszedłeś, wychodziłeś,
7. szły, podszedł, 8. poszli, wyszli, 9. rozeszli się, odeszła, 10. wszedł, wyszedł, 11. obeszli,
12. wyszła, chodziła

24. Czy jedzenie hamburgerów jest zdrowe?
1. Palenie, 2. jedzeniu, odchudzaniu, 3. picia,
4. mycie, 5. biegania, 6. siedzenia, 7. SMS-owanie, czatowanie 8. gadanie, 9. spanie, 10. jazdą / jeżdżeniem, 11. odżywianiu, 12. kupowanie

25. Boli mnie dolna szóstka!
1. b, 2. a, 3. a, 4. c, 5. b, 6. b, 7. c, 8. b, 9. c, 10. c

26. Po pracy odpoczywamy nad jeziorem
1. nad, po / od, w, z, 2. o, 3. o, 4. na, w, z, na,
5. nad, 6. na, do, z, w, o, na / przed, 7. do, do, 8. od,
9. z, z, do, 10. w, 11. na, za, 12. do, o

27. Trzy czwarte pracy mamy za sobą!
1. jedna trzecia, 2. dwie trzecie, 3. jedną czwartą,
4. trzy czwarte, 5. dwa i pół, 6. dwóch i pół, 7. trzy
dziesiąte, 8. jedna setna, 9. trzydzieści osiem
i siedem, 10. dwadzieścia pięć i sześć dziesiątych

28. Wakacje w Hiszpanii
1. sierpniu, 2. wakacjach, 3. Hiszpanii, 4. pięknym
mieście, 5. Andaluzji, 6. tym czasie, 7. kursie
intensywnym, 8. tygodniu, 9. zajęciach,
10. mieście, 11. plaży, 12. morzu, 13. wycieczce,
14. fajnych barach, 15. restauracjach, 16. karcie,
17. okolicy, 18. muzeach, 19. galeriach,
20. polityce, 21. gospodarce, 22. społeczeństwie,
23. kulturze, 24. gramatyce, 25. słowniku

29. Chcę mieć dwoje albo troje dzieci
1. czworo, 2. pięcioro, 3. czworga, 4. dwojga,
5. trojgiem, 6. siedmiorga, 7. pięciorgiem,
8. dwoje, 9. sześcioro, 10. trzech

30. Co by było, gdyby... (2)
1. zdałabym, 2. złamałaby, 3. mogłybyście,
4. miałabyś, 5. poznały, 6. musiałyby,
7. musiałybyśmy, 8. pojechałbym,
9. zadzwoniłbyś, 10. zdążyłabym,
11. zapytalibyście, 12. traciliby

31. Polska na liście UNESCO (1)
1. Światowego Dziedzictwa Kulturalnego
i Przyrodniczego, 2. rejestrem, 3. obiektów,
4. świecie, 5. unikatowe miejsca, 6. Polsce
1.
1. wieku, 2. wspaniałej przeszłości, 3. murów
miejskich, 4. Wawelu
2.
1. kopalni, 2. wieku, 3. najstarsza czynna kopalnia,
4. świecie, 5. poziomach, 6. komór, 7. korytarzy
3.
1. największym nazistowskim obozem
koncentracyjnym, 2. terenie, 3. ludobójstwa,
4. hitlerowców, 5. drugiej wojny światowej
4.
1. jedynym polskim obiektem przyrodniczym,
2. liście, 3. ostatnim naturalnym ekosystemem
leśnym, 4. Europie, 5. unikatową fauną i florą

32. Trenuję z panem Małyszem i z panią Radwańską

Mianownik kto? co? (NOM)			
pan Małysz	pani Kowalczyk	pan Korzeniowski	pani Radwańska

Dopełniacz kogo? czego? (GEN)			
pana Małysza	pani Kowalczyk	pana Korzeniowskiego	pani Radwańskiej

Celownik komu? czemu? (DAT)			
panu Małyszowi	pani Kowalczyk	panu Korzeniowskiemu	pani Radwańskiej

Biernik kogo? co? (ACC)			
pana Małysza	panią Kowalczyk	pana Korzeniowskiego	panią Radwańską

Narzędnik (z) kim? (z) czym? (INSTR)			
panem Małyszem	panią Kowalczyk	panem Korzeniowskim	panią Radwańską

Miejscownik (o) kim? (o) czym? (LOC)			
panu Małyszu	pani Kowalczyk	panu Korzeniowskim	pani Radwańskiej

Wołacz o! (VOC)			
panie Małyszu!	pani Kowalczyk!	panie Korzeniowski!	pani Radwańska!

33. Jak myślisz, co powinnam zrobić?
1. Rodzice powinni powiedzieć dziecku prawdę.
2. Powinnaś iść do lekarza.
3. Powinieneś zjeść coś ciepłego.
4. Powinniśmy sprzedać ten stary samochód.
5. Powinnyśmy powiedzieć mu, że nie ma racji.
6. Nie powinieneś jeść kolacji.
7. To dziecko powinno uprawiać więcej sportu.
8. Piotrek powinien uważać, co mówi.
9. Ola powinna pomóc matce w sprzątaniu.
10. Nie powinnyście stosować żadnej diety.
11. Powinniście być mili dla koleżanek i kolegów.
12. Renata i Mateusz powinni kupić większe mieszkanie.
13. Gabrysia i Marzena powinny pójść do kina na ten film.

34. Czy znasz filmy Romana Polańskiego?
1. Adama Mickiewicza, 2. Hanny Krall, 3. Urszuli Dudziak, 4. Agnieszce Holland, 5. Czesława Miłosza, 6. Krzysztofa Kieślowskiego, 7. Wojciecha Kilara, 8. Anny Marii Jopek, 9. Ignacego Krasickiego, 10. Lechem Wałęsą, 11. Stanisława Moniuszki, 12. Gustawie Herlingu-Grudzińskim, 13. Anny German, 14. Mariuszu Kwietniu, 15. Ewę Bem, 16. Maciejem Maleńczukiem

35. Co by było, gdyby... (3)
1. Gdybym miała wolne...
2. Gdybyś uprawiał sport...
3. Gdybyśmy mieli urlop...
4. Gdybym wygrała w lotto...

5. Gdyby Marta mieszkała bliżej…
6. Gdyby Michał tylko mógł…
7. Gdybyś miała komputer…
8. Gdybyście mniej pracowali…
9. Gdyby moi rodzice nie palili…
10. Gdybym jeszcze raz był młody…
11. Gdybyśmy dostali bilety…
12. Gdyby Sylwia i Monika lubiły teatr…
13. Gdybyście dłużej spały…

36. Co ci jest?
1. ci, mi, mi, 2. nam / mi, 3. wam / im, 4. im, 5. ci, tobie, 6. ci, mi, 7. mi, mu, 8. im, nam

37. Powiedział, że mnie kocha!
1. Filip powiedział, że boli go głowa.
2. Profesor zapytał, kto był w piątek na wykładzie.
3. Kaśka spytała mnie, czy mogę jej dać jeszcze raz mój nowy numer telefonu.
4. Zapytał mnie, czy przyjdę w sobotę na imprezę.
5. Przemek pyta, gdzie teraz mieszkam.
6. Zapytałam, ile to kosztuje.
7. Nauczycielka zapytała, dlaczego uczymy się polskiego.
8. Dominika zapytała, kiedy jest egzamin.
9. Powiedział, że przyjdzie później.
10. Studentki pytają, czy jutro są zajęcia.
11. Zapytał swoją dziewczynę, czy pojedzie z nim na wakacje.
12. Powiedziała, że nie wie, jak tam dojechać.

38. Nikogo nie ma w domu!
1. nikt, 2. nikomu, 7. nikim, 8. niczym, 9. nikim
a. niczym, b. nic / niczego, c. nic / niczego, e. nikogo, j. nikogo
1. f, 2. h, 3. a, 4. j, 5. b, 6. c, 7. d, 8. i, 9. g, 10. e

39. Takie jedzenie lubię!
1. taką, 2. takim, 3. tacy, 4. Takie, 5. taki, 6. takim, 7. takiej, 8. takie, 9. takich, 10. takimi

40. To żaden problem!
1. b, 2. b, 3. a, 4. c, 5. c, 6. a, 7. c, 8. b, 9. a, 10. c

41. Jadę do Monachium
1. b, 2. a, 3. b, 4. c, 5. a, 6. a, 7. c, 8. c, 9. a, 10. c

42. Tabletka dobra na wszystko?
1. biją, 2. Kupujemy, 3. łykamy, 4. ostrzegają, 5. trafia, 6. Jesteśmy, 7. chodzi, 8. zachęcają, 9. Musimy, 10. usuwa, 11. likwiduje

43. Chłopak, który czyta, czyli czytający chłopak
1. Patrzyła na ludzi **spacerujących** po parku. / Patrzyła na **spacerujących** po parku ludzi.
2. Dziewczyna **oglądająca** ze mną film jest moją dobrą koleżanką. / **Oglądająca** ze mną film dziewczyna jest moją koleżanką.
3. Mężczyzna **rozmawiający** właśnie przez telefon to szef biura. / **Rozmawiający** właśnie przez telefon mężczyzna to szef biura.
4. Matka kupiła czekoladę **płaczącemu** dziecku.
5. Ludzie **czekający** na pociąg stoją na peronie. / **Czekający** na pociąg ludzie stoją na peronie.
6. O dziewczynie **pracującej** w tym biurze mówią, że zna dobrze kilka języków. / O **pracującej** w tym biurze dziewczynie mówią, że zna dobrze kilka języków.
7. Jedziemy na wakacje z kolegami **lubiącymi** chodzić po górach. / Jedziemy na wakacje z **lubiącymi** chodzić po górach kolegami.
8. Firma potrzebuje pracownika bardzo dobrze **znającego** polski. / Firma potrzebuje bardzo dobrze **znającego** polski pracownika.
9. Bardzo dobrze rozumiem ludzi **zachowujących się** w ten sposób. / Bardzo dobrze rozumiem **zachowujących się** w ten sposób ludzi.
10. Jest wielu młodych ludzi **szukających** pracy. / Jest wielu młodych, **szukających** pracy ludzi. Jest wielu **szukających** pracy młodych ludzi.
11. W czasie podróży lubię obserwować ludzi **jadących** w tym samym przedziale. / W czasie podróży lubię obserwować **jadących** w tym samym przedziale ludzi.

44. Jak dbać o kręgosłup w pracy?
1. przy, 2. Dla, 3. o, 4. od, 5. o, 6. dla, 7. do, 8. przed, 9. na, 10. na, 11. w, 12. na, 13. na, 14. w, 15. podczas, 16. W, 17. od, 18. na, 19. na, 20. przed

45. Tu się mówi po angielsku
A.
1. się nie pali, 2. się nie rozmawia, 3. się nie parkuje, 4. się nie je, 5. się nie telefonuje, 6. się rozmawia, 7. się skręca
B.
1. wolno / można, 2. wolno / można, 3. trzeba, 4. trzeba, 5. wolno / można, 6. trzeba, 7. wolno / można, 8. trzeba, 9. wolno / można

46. Polska na liście UNESCO (2)
5.
1. Powstania Warszawskiego, 2. Starego Miasta, 3. wojnie, 4. najpiękniejszą dzielnicę, 5. podstawie, 6. Canaletta
6.
1. szlaku handlowym, 2. Europę Zachodnią i Północną, 3. Morzem Czarnym, 4. perłą, 5. renesansu

7.
1. Zakon Krzyżacki, 2. wieku, 3. Hanzy, 4. pozycję handlową, 5. ulic, 6. lat

8.
1. najpotężniejszym gotyckim zamkiem obronnym, 2. Europie, 3. roku, 4. Wielkiego Mistrza, 5. przełomie, 6. wieku, 7. drugiej wojnie światowej

9.
1. początku, 2. wieku, 3. drogi krzyżowej, 4. Jerozolimie, 5. sanktuarium, 6. pielgrzymów, 7. Wielkanocą, 8. sierpniu

47. Usługi. Krzyżówka
Poziomo:
4. optyka
5. wróżki
6. warsztatu
8. kelnera
10. pralnia
11. krawcową
12. fotografie
13. adwokatem

Pionowo:
1. poczcie
2. szewca
3. hydraulika
7. naprawy
8. ksero
9. elektrykiem

48. W domu nie ma nic do jedzenia!
1. picia, 2. zrobienia, 3. ubrania, 4. jedzenia, 5. prania, 6. pisania, 7. czytania, 8. powiedzenia, 9. malowanie, 10. sprzątanie, 11. wejście, 12. jeżdżeniu / jeździe

49. Panie Kazimierzu, gdzie są klucze?
1. Szanowny Panie Profesorze!
2. Mój kochany Piotrze!
3. Kochana Aniu!
4. Panie i Panowie!
5. Panie Wojtku!
6. Drodzy koledzy!
7. Kochany Mateuszu!
8. Szanowna Pani Profesor!
9. Moja droga Moniko!
10. Szanowni Państwo!
11. Drogie koleżanki!
12. Pani Krysiu!
13. Skarbie!
14. Kotku!
15. Kochanie!

50. Jej córka ma swoją firmę
A.
1. jej, swojego, 2. jego, swoim, 3. jego, swój, 4. ich, swoimi, 5. nasza, swojej / naszej

B.
1. twoja, swoją / twoją, 2. wasi, 3. swoją, 4. moje, 5. swoją

51. Będę koło drugiej
1. dziesiątym, dwudziestym, 2. dwudziestej drugiej, 3. siódmą, 4. piętnastym, 5. trzydziestego, 6. trzecią, 7. czwartym, 8. piąty, 9. czwartego, 10. drugim, 11. pierwszym, 12. dwudziestej trzeciej, 13. dziewiątej, siedemnastej, 14. pierwsze, 15. siódmym

52. Czy wszystko zostało zrobione?
1. został namalowany, Jana Matejkę, 2. będzie budowana, gminę, 3. został napisany, studentów, 4. jest przygotowywana, całą rodzinę, 5. jest sprawdzana, komisję, 6. jest badany, mojego dentystę, 7. została napisana, Kapuścińskiego, 8. zostało wpisane, UNESCO, 9. zostały, zapakowane, Ankę 10. zostanie wysłany, moją sekretarkę

53. Pilnuj swojego nosa!
1. b, 2. a, 3. c, 4. a, 5. c, 6. c, 7. a, 8. c, 9. b, 10. a

54. Co będziemy robić w Świnoujściu?
1. spotkamy się, 2. wsiądziemy, 3. przyjedziemy, 4. pójdziemy, 5. spotkamy się, 6. pójdziemy, 7. będzie mieć / miał, 8. będziemy zwiedzać, 9. będziemy robić, 10. zjemy, 11. wrócimy

55. Horoskop numerologiczny na wrzesień
1. poczuje, będzie pracować, będzie odnosić, wydarzy się, 2. spędzi, będzie trwać, poradzi, 3. postanowi, zrelaksuje, zacznie, spodoba, 4. spowoduje, będzie, skorzystają, 5. będzie, przyjdzie, pomoże, 6. spotka, polubi, będzie, dowie się, 7. będzie mieć / miała, będzie, zacznie, 8. zdecyduje, Znajdzie, 9. pójdzie, pojawi się, będzie, wybrać

56. Urodziny w Himalajach
1. Katowicach, 2. chrzciny, 3. Gliwic, 4. andrzejki, 5. ciepłych majtek, 6. wakacje, 7. imienin, 8. drzwi, 9. ferii zimowych, 10. urodziny, 11. pleców, 12. nowych okularów, 13. skrzypcach, 14. ust, 15. nożyczek

57. Ta dzisiejsza młodzież!
1. dzisiejszą młodzieżą, 2. dobrym zdrowiem, 3. respektem, 4. świeże powietrze, 5. szczęścia, 6. ryżu, 7. miłości, 8. niewygodne obuwie, 9. brzydką odzież, 10. życia, 11. szacunku

58. Nowy rok, nowe plany, nowe życie…
1. chodzić, 2. biegać, 3. schudnę, 4. jeść, 5. rzucę, 6. dzwonić, 7. spotykać się, 8. odpowiadać, 9. się denerwować, 10. zrobię, 11. wyrzucę, 12. rozwiodę się, 13. nie wyjdę, 14. pojadę, 15. napiszę

59. Ach, ci przystojni mężczyźni w swych szybkich samochodach!
1. ci sympatyczni, 2. te miłe, 3. Ci mądrzy, 4. tych wykwalifikowanych, 5. te małe, 6. Te stare, 7. te ciekawe, 8. Ci inteligentni, 9. te polskie, 10. ci nowi, 11. te brudne, 12. tych zimowych, 13. Ci młodzi

60. Nowi pracownicy to sympatyczni ludzie
A.
1. zdolni studenci, 2. nowi koledzy, 3. sympatyczni Niemcy, 4. mili goście, 5. znani pisarze, 6. przystojni Amerykanie, 7. starsi synowie, 8. weseli Włosi, 9. eleganccy Francuzi, 10. ciekawscy sąsiedzi, 11. dobrzy pracownicy, 12. wysocy mężczyźni, 13. najlepsi przyjaciele, 14. starzy listonosze, 15. wierni mężowie, 16. modni didżeje, 17. leniwi uczniowie, 18. troskliwi ojcowie, 19. nieznajomi panowie, 20. chorzy dziadkowie
B.
1. leniwymi uczniami, 2. dobrych pracowników, 3. znanych pisarzy, 4. Mili goście, 5. ciekawskich sąsiadów, 6. nowymi kolegami, 7. wysocy mężczyźni, 8. wiernych mężów, 9. starsi synowie, 10. sympatycznych Niemców

61. Mam kaszel i kaszlę
1. Brak, 2. Dojazd, 3. eksport, 4. kaszel, 5. Lot, 6. Przyjazd, 7. Remont, 8. spacer, 9. taniec, 10. Uśmiech, 11. zakaz, 12. odpowiedź, 13. pomoc

62. Myślenia nigdy dość!
1. -anie, Czytanie, 2. -cie, przyjście, 3. -enie, leżenia, 4. -cie, picia, 5. -acja, prezentację, 6. -anie, biegania, 7. -cie, życiem, 8. -anie, Spanie, 9. -enie, Myślenie, 10. -anie, pisania

63. Polska na liście UNESCO (3)
10.
1. klęską, 2. pokoju westfalskiego, 3. drewna, 4. gliny, 5. wież, 6. wnętrz
11.
1. malowidłami, 2. rzeźbami, 3. średniowieczu, 4. kościołów rzymskokatolickich
12.
1. najświetniejszych przykładów, 2. sztuki ogrodowej, 3. Europie, 4. stronach, 5. Nysy Łużyckiej, 6. granica polsko-niemiecka, 7. latach, 8. Polsce
13.
1. latach, 2. architekta Maxa Berga, 3. rekreacji, 4. historii architektury

64. Modnie i interesująco
-o: cicho, ciemno, często, długo, drogo, dużo, głośno, gorąco, interesująco, kolorowo, krótko, łatwo, mało, mokro, nudno, późno, prosto, śmiało, szybko, tanio, trudno, zimno,
-e: ciągle, dobrze, doskonale, mądrze, stale, źle
-ie: ciekawie, ładnie, modnie, świetnie, wcześnie, zdecydowanie

65. Z kim i o czym rozmawiałeś tak długo przez telefon?
1. o drogę, 2. za spóźnienie, 3. na mnie, 4. na piwo, 5. z panem, o podwyżce, 6. na cud, 7. na urlopie, 8. o weekendzie, 9. o znajomych / ze znajomymi, 10. za mąż, 11. do klimatu, 12. z nikim, 13. do centrum, 14. z koleżanki

66. Sprzęty domowe. Krzyżówka
Poziomo:
3. zmywarkę
6. otwieracza
8. czajniku
12. kuchenkę
13. korkociąg
15. tosterze
Pionowo:
1. piekarniku
2. lodówce
4. mikrofalówki
5. suszarką
7. garnka
9. młynku
10. sokowirówki
11. deskę
14. koszu

67. Komu? Czemu?
1. mojej siostrze, 2. mojemu koledze, 3. naszej koleżance, 4. miłym studentom, 5. sympatycznemu Maćkowi, 6. cioci Ewie, 7. egzotycznym zwierzętom, 8. biednym ludziom, 9. waszemu szefowi, 10. elektrowni atomowej, 11. temu dziecku, 12. naszemu muzeum, 13. swoim studentom, 14. spacerującym ludziom, 15. naszym rodzicom

68. Pół, połowa, półtora, półtorej
1. pół, 2. półtora, 3. Połowa, 4. pół, 5. półtora, 6. połowa, połowa, 7. pół, 8. pół, 9. półtora, 10. półtorej, 11. połowa

69. Grasz w pokera?
1. Marzymy **o** urlopie.
2. Muszę trochę odpocząć **od / po** pracy.
3. Mój brat stara się **o** nową pracę.
4. Czy grasz **w** lotto?
5. Powinna się pani zastanowić **nad** tą propozycją! / Powinna pani zastanowić się **nad** tą propozycją!
6. **Do** kogo należy ten plecak?
7. Nie śmiejcie się **z** niego!
8. Czy może pan odpowiedzieć **na** moje pytanie?
9. **Z** kim chcecie się umówić?
10. Ile osób uczestniczy **w** kursie polskiego?

11. **Nad** czym się zastanawiasz?
12. To nie zależy **ode** mnie.

70. Prosiłem, żebyś nie pracowała tak długo
1. e, 2. f, 3. j, 4. c, 5. l, 6. b, 7. k, 8. a, 9. n, 10. d, 11. g, 12. h, 13. m, 14. i, 15. ł

Test końcowy

Proszę wybrać poprawną formę gramatyczną.

1. Mieszkam w		
a. Gliwice	(b.) Gliwicach	c. Gliwic
2. Nie bolą ..... uszy od tej głośnej muzyki?		
a. ci	b. tobie	c. cię
3. Nie lubię leżeć godzinami na		
a. plaży	b. plażą	c. plaża
4. Umieram z ..... !		
a. głodem	b. głodu	c. głodzie
5. Daj ..... spokój!		
a. mi	b. mnie	c. mną
6. Musi pan ..... przez ulicę i skręcić w lewo.		
a. przejdzie	b. przechodzić	c. przejść
7. Cały wieczór prasowała, ... telewizję.		
a. oglądając	b. oglądający	c. oglądająca
8. W ..... nie ma dużo mebli.		
a. naszym mieszkaniu	b. nasze mieszkanie	c. naszym mieszkaniem
9. Zasnęłam dopiero ..... ranem.		
a. pod	b. nad	c. przed
10. Dzięki ..... wiele zrozumiałem.		
a. ty	b. ci	c. tobie
11. Nikogo nie ..... w domu.		
a. jest	b. być	c. ma
12. Nie mam ochoty o ..... rozmawiać.		
a. tym	b. to	c. tego
13. Mamy kolegę w		
a. Amsterdam	b. Amsterdamu	c. Amsterdamie

14. Nie należy tak dużo czasu spędzać ..... telewizorem.

| a. nad | b. przed | c. za |

15. Dam ci radę: ..... zdrowo się odżywiać i uprawiać sport.

| a. powinienem | b. powinna | c. powinieneś |

16. Cały dom ..... był z drewna.

| a. budujący | b. zbudowawszy | c. zbudowany |

17. Akcja filmu toczy się w ..... .

| a. średniowiecze | b. średniowieczem | c. średniowieczu |

18. On nigdy nie opowiada o ..... problemach.

| a. swoje | b. swoimi | c. swoich |

19. Jej dziadek cały czas cieszy się ..... , mimo że jest już bardzo stary.

| a. dobrym zdrowiem | b. z dobrym zdrowiem | c. z dobrego zdrowia |

20. Kolacja jest ..... na godzinę 20.00.

| a. planując | b. zaplanowana | c. planująca |

21. Jeśli jesteś zmęczony, ... trochę!

| a. odpocznij | b. odpoczywam | c. odpocznę |

22. O ..... marzysz?

| a. co | b. czym | c. czego |

23. To zależy ..... sytuacji.

| a. do | b. od | c. z |

24. Nie śmiejcie się z ..... !

| a. niej | b. jej | c. ją |

25. Do ..... dzwonicie?

| a. kto | b. kim | c. kogo |

26. Zrób ..... przerwę!

| a. się | b. siebie | c. sobie |

27. Muszę się nad ..... zastanowić.

| a. tego | b. to | c. tym |

28. Na ..... czekasz?

| a. co | b. czego | c. czemu |

29. Proszę, niech pani ..... !

| a. usiądzie | b. usiądziesz | c. usiąść |

30. Ile osób brało udział w ..... ?

| a. ta konferencja | b. tą konferencją | c. tej konferencji |

31. Znajoma wyjechała za granicę na ..... roku.

| a. półtorej | b. półtora | c. połowa |

32. Nauczycielka rozmawia z ..... uczennicami.

| a. dwiema | b. dwóch | c. dwie |

33. Nasza sąsiadka ma ..... dzieci.

| a. troje | b. trzy | c. trzech |

34. ..... studentów pisała dziś egzamin.

| a. Pół | b. Połowa | c. Półtora |

35. Niestety, nie można na ..... polegać.

| a. ciebie | b. ci | c. tobie |

36. W pracy nie było dzisiaj ..... kolegów.

| a. cztery | b. czterech | c. czwórka |

37. W grupie mamy ..... sympatycznych studentów.

| a. wiele | b. duży | c. wielu |

38. ..... państwo, dziękuję za uwagę!

| a. Szanowna | b. Szanowne | c. Szanowni |

39. Kochany ..... , dziękuję ci za list!

| a. Piotrze | b. Piotra | c. Piotr |

40. Pani ..... , ma pani ochotę na herbatę?

| a. Basi | b. Basiu | c. Basia |

41. Poszlibyście z ..... na koncert w sobotę?

| a. nas | b. nam | c. nami |

42. O której wczoraj ..... do domu?

| a. wróciliście | b. wracaliście | c. wrócicie |

43. Kiedy pan się ..... ?

| a. rodzi | b. rodził | c. urodził |

44. ..... papierosów jest szkodliwe dla zdrowia.

| a. Palić | b. Zapalić | c. Palenie |

45. Na jutro musimy przygotować ..... Power Poincie.

| a. prezentowanie | b. zaprezentowanie | c. prezentację |

46. Kiedy wreszcie ..... porządek w swoim pokoju?

| a. robisz | b. robiłeś | c. zrobisz |

47. Przepraszam ..... spóźnienie!

| a. za | b. o | c. po |

48. Lubię ..... do kina.

| a. chodzić | b. poszedłem | c. idę |

49. Jestem strasznie ..... .

| a. zmęczony | b. męczony | c. męczę |

50. Zawsze możesz na mnie ..... !

| a. policzyć | b. liczyć | c. przeliczyć |

51. To nie zależy ode ..... .

| a. mną | b. mnie | c. mi |

52. Gdybyśmy wcześniej ..... z domu, zdążylibyśmy na pociąg.

| a. wyszły | b. wyszli | c. wyszliśmy |

53. Wydaje mi się, że ..... nie jedzie do Starego Miasta.

| a. trzynastką | b. trzynastce | c. trzynastka |

54. Pracuję razem z panem ..... .

| a. Nowak | b. Nowakiem | c. Nowaka |

55. Czy znasz pana profesora ..... ?

| a. Jagodziński | b. Jagodzińskiego | c. Jagodzińskiemu |

56. W dzieciństwie mieszkałam przy ul. Krótkiej pod ..... .

| a. ósemka | b. ósemce | c. ósemką |

57. Rodzice spędzają za mało czasu ze ..... dziećmi.

| a. swoje | b. swoich | c. swoimi |

58. Ona jest zawsze z ..... zadowolona.

| a. siebie | b. sobie | c. się |

59. Przed wejściem do domu proszę ..... buty.

| a. zdejmuje | b. zdjąć | c. zdejmując |

60. Gdybyś poszedł wcześniej spać, nie ..... teraz śpiący.

| a. byłbyś | b. byłabyś | c. był |

61. Zajmij się lepiej ..... sprawami!

| a. swoje | b. swoich | c. swoimi |

62. Jutro przyjadą do nas ..... goście z Czech.

| a. miłe | b. miłych | c. mili |

63. On nie ma dużo ..... .

| a. przyjaciele | b. przyjaciół | c. przyjaciółmi |

64. Kim są ..... sympatyczni ludzie?

| a. ci | b. te | c. oni |

65. Wykwalifikowani ..... są wszędzie poszukiwani.

| a. pracownice | b. pracownik | c. pracownicy |

66. Rano Janek ..... prysznic i szybko się ubrał.

| a. brał | b. bierze | c. wziął |

67. Zawsze lubiła ..... na nartach.

| a. jedzie | b. jeździć | c. pojechać |

68. My ..... już wszystkie prezenty pod choinkę. A wy?

| a. kupiliśmy | b. kupować | c. kupić |

69. Boli mnie głowa i jest mi ..... .

| a. niedobre | b. niedobrze | c. niedobra |

70. Ich znajoma pracuje ..... .

| a. w poczcie | b. na pocztę | c. na poczcie |

71. W niedzielę byliśmy w ..... .

| a. kościele | b. kościoła | c. kościołem |

72. Pożyczyłam ..... sto złotych.

| a. twojego brata | b. twoim bratem | c. twojemu bratu |

73. Składamy życzenia wszystkim dzisiejszym ..... !

| a. solenizantami | b. solenizantów | c. solenizantom |

74. Nie ma bezpośredniego połączenia, musi się pani ..... w Opolu.

| a. przesiąść | b. przesiadać | c. przesiądzie |

75. W jakim ..... studiowałeś?

| a. miasto | b. miastem | c. mieście |

76. Urlop zawsze ..... razem.

| a. spędziliśmy | b. spędzaliśmy | c. spędzimy |

77. Niedługo masz egzamin, ... więcej się uczyć!

| a. powinna | b. powinien | c. powinieneś |

78. Policjant pomaga przejść przez ulicę ..... .

| a. starszego mężczyznę | b. starszemu mężczyźnie | c. starszego mężczyzny |

79. Z okazji ..... Bożego Narodzenia życzymy wam wszystkiego najlepszego!

| a. świąt | b. święta | c. świętach |

80. W nowym roku nie będę tak często ..... telewizji!

| a. obejrzała | b. oglądała | c. oglądam |

81. Jakie formularze musisz wypełnić, ... dostać stypendium?

| a. żebyś | b. żebyście | c. żeby |

82. Nie lubię ..... na urlop bez rodziny.

| a. wyjechać | b. wyjadę | c. wyjeżdżać |

83. Jakie macie plany ..... przyszłość?

| a. na | b. o | c. dla |

84. Wszyscy ludzie ..... mieć równe prawa.

| a. powinny | b. powinni | c. powinien |

85. Potrzebna jest płynna znajomość języka w mowie i w ..... .

| a. pismo | b. piśmie | c. pismem |

86. Zwracamy szczególną uwagę ..... jakość towarów.

| a. na | b. w | c. o |

87. Chciałbym, ... to wiedzieli.

| a. żebyście | b. żebym | c. żebyś |

88. Nie rozumiem ..... młodzieży.

| a. dzisiejszego | b. dzisiejszej | c. dzisiejszą |

89. Ona nie wyobraża sobie życia bez ..... telewizji.		
a. oglądać	b. oglądanie	c. oglądania
90. Pierwszy komputer został ..... w czasie II wojny światowej.		
a. zbudował	b. zbudowany	c. zbudowano
91. ..... to, wyszedł.		
a. Powiedział	b. Powiedziawszy	c. Powie
92. Moja mama wyszła ..... mąż na ostatnim roku studiów.		
a. na	b. w	c. za
93. ..... drugi uczeń nie je śniadania.		
a. Co	b. Dla	c. U
94. Co byś ..... w takiej sytuacji?		
a. zrobił	b. zrobiłbyś	c. zrobiłem
95. Nie wyjdę z domu, ... nie przygotuję wszystkiego na jutro.		
a. za nim	b. zanim	c. za nią
96. Czy wyobrażacie sobie, że kiedyś Internet nie był ..... ?		
a. znano	b. znany	c. znają
97. Gdy tylko skończę pracę, ... z moim chłopakiem.		
a. spotykam	b. spotkam	c. spotkam się
98. ..... nic nie mów!		
a. Nikomu	b. Nikt	c. Nikogo
99. Oni nie ..... jeździć na łyżwach.		
a. umieją	b. umieć	c. mają
100. Chętnie spotykam się z ludźmi ..... poczucie humoru.		
a. mający	b. mającymi	c. mają

Klucz do testu końcowego

1. b	21. a	41. c	61. c	81. c
2. c	22. b	42. a	62. c	82. c
3. a	23. b	43. c	63. b	83. a
4. b	24. a	44. c	64. a	84. b
5. a	25. c	45. c	65. c	85. b
6. c	26. c	46. c	66. c	86. a
7. a	27. c	47. a	67. b	87. a
8. a	28. a	48. a	68. a	88. b
9. b	29. a	49. a	69. b	89. c
10. c	30. c	50. b	70. c	90. b
11. c	31. b	51. b	71. a	91. b
12. a	32. a	52. b	72. c	92. c
13. c	33. a	53. c	73. c	93. a
14. b	34. b	54. b	74. a	94. a
15. c	35. c	55. b	75. c	95. b
16. c	36. b	56. c	76. b	96. b
17. c	37. c	57. c	77. c	97. c
18. c	38. c	58. a	78. b	98. a
19. a	39. a	59. b	79. a	99. a
20. b	40. b	60. a	80. b	100. b